Bibliothèque de l'Histoire du Droit et des Institutions

15

LA DÉCLARATION

DES

DROITS DE L'HOMME

ET

DU CITOYEN

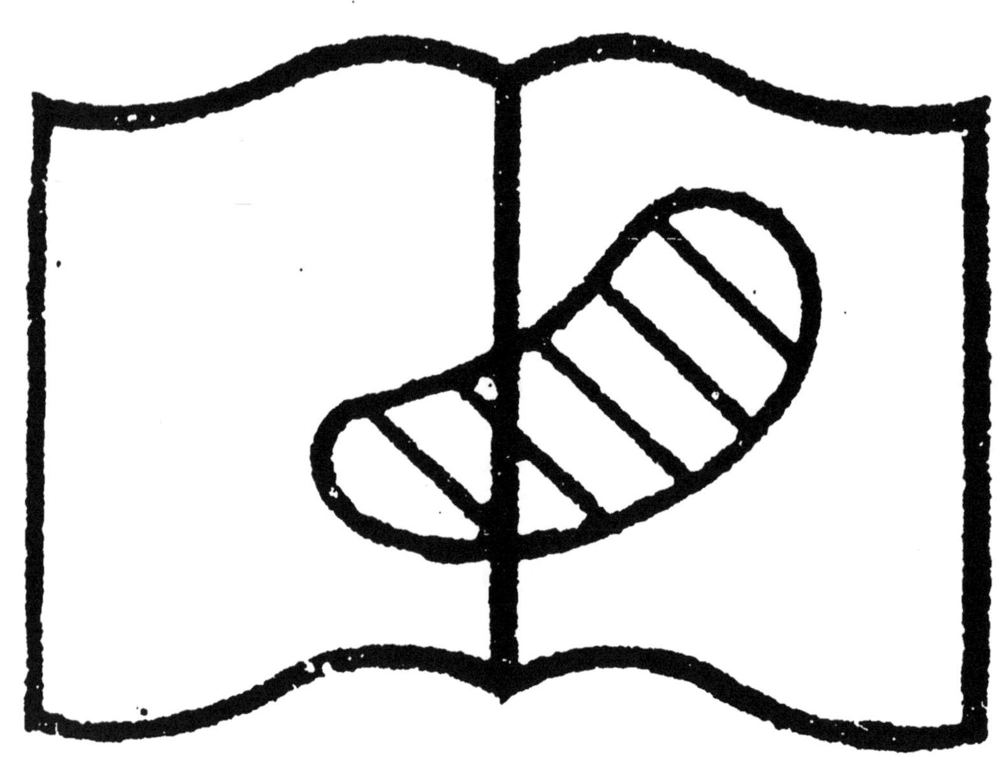

Illisibilité partielle

A LA MÊME LIBRAIRIE

(Sous presse)

T. XVI de la Bibliothèque
de l'Histoire du Droit et des Institutions

La conclusion des Traités internationaux et le rôle des Chambres. Etude juridique, politique et historique de droit constitutionnel comparé et de droit international, par **G. Fardis**, avocat. Avec une préface de **M. Esmein**, Professeur à la faculté de droit de l'Université de Paris.

LA DÉCLARATION

DES

DROITS DE L'HOMME

ET

DU CITOYEN

CONTRIBUTION

A L'HISTOIRE DU DROIT CONSTITUTIONNEL MODERNE

PAR

GEORGE JELLINEK

PROFESSEUR DE DROIT A L'UNIVERSITÉ DE HEIDELBERG

Traduit de l'allemand
par Georges FARDIS, Avocat

Édition française revue de l'Auteur et augmentée de nouvelles notes

Avec une Préface de M. F. LARNAUDE
Professeur à la Faculté de droit de l'Université de Paris
Directeur de la *Revue du Droit public* et de la *Science politique*

PARIS

ANCIENNE LIBRAIRIE THORIN ET FILS

ALBERT FONTEMOING, ÉDITEUR

Libraire des Écoles françaises d'Athènes et de Rome
du Collège de France et de l'École Normale Supérieure

4, rue Le Goff, 4

1902

PRÉFACE

Je ne puis que remercier M. Fardis de l'occasion qu'il me fournit de présenter aux lecteurs français M. Jellinek, dont il vient de traduire l'étude sur la Déclaration des droits de l'homme et du citoyen. *M. Jellinek, parmi les professeurs des Universités de langue allemande qui se sont consacrés aux problèmes du droit public, occupe une place hors de pair. Il n'est pas de question traitée par lui à laquelle il n'ait imprimé un tour particulier, qu'il n'ait marquée souvent d'une empreinte originale. Disciple de Jhering, il sait l'importance que présentent l'histoire et les faits de toute nature pour les institutions juridiques, et il applique au droit public la méthode dont son maître a su tirer un si merveilleux parti dans l'ordre du droit privé.*

C'est une étude historique, avant tout, que cette dissertation sur la Déclaration des droits de l'homme et du citoyen. Elle ne donnera, d'ailleurs, qu'un aperçu bien incomplet de l'œuvre de

M. Jellinek. Elle pèse peu en effet à côté des œuvres maîtresses du savant professeur des universités de Vienne, Bâle et Heidelberg (1).

Mais, toute restreinte qu'elle soit, cette étude est particulièrement intéressante pour des lecteurs français, car elle porte sur une institution essentiellement nationale, et dont les origines, la portée, la valeur sont vivement discutées.

(1) OEuvres philosophiques :

   Die Veltanschaungen Leibniz und Schopenhauers (1872).

   Die Beziehungen Gœth's zu Spinoza (1878).

OEuvres juridiques :

   Die socialethische Bedeutung von Recht Unrecht und Strafe (Wien, 1878).

   Die rechtliche Natur der Staatenverträge (Wien, 1880).

   Die Lehre von den Staatenverbindungen (Wien, 1882).

   Œsterreich-Ungarn und Rumänien in der Donaufrage (Wien, 1884).

   Ein Verfassungsgerichtshof für Œsterreich (Wien, 1885).

   Gesetz und Verordnung (Freibourg. s. B., 1887).

   System der subjektiven öffentlichen Rechte (Freiburg s. B., 1892).

   Adam in der Staatslehre (Heidelberg. 1893).

   Die Erklärung der Menschen und Bürgerrechte (trad. Fardis).

   Uber Staatsfragmente (Heidelberg, 1896).

   Das Recht der Minoritäten (Wien, 1898).

   Das Recht des modernen Staates.

   Vol. I : Allgemeine Staatslehre, (Berlin, 1900).

C'est d'abord le problème *des origines qui se trouve ici résolu d'une manière définitive. C'est aux États-Unis que nous avons été chercher* la déclaration des droits. *Le rapprochement établi, article par article, entre la déclaration française et quelques déclarations d'États américaines, notamment celle de Virginie, ne peut laisser place à aucun doute. La* loi d'imitation *se trouve ici encore démontrée et prise sur le fait. Mais, ce qui étonnera peut-être quelque peu les députés qui, dans une séance récente de la Chambre* (1), *ont fait voter l'affichage de la déclaration dans les Écoles, les Églises, temples, synagogues, casernes, mairies et même dans les ministères, c'est que l'origine première de la* Déclaration *est toute religieuse et non politique. Ce qu'on croyait jusqu'à présent être une œuvre de la Révolution n'est, en réalité, qu'un produit de la Réforme et des luttes qu'elle a engendrées. Nous renvoyons au chapitre VII les lecteurs curieux de détails sur cette partie intéressante de l'histoire de la Déclaration. Nous nous garderons bien de contredire M. Jellinek sur ce point, mais il nous accordera que cette double origine* religieuse *et* américaine *n'a que* bien peu influé *sur le* rôle, *les* destinées, *les* effets

(1) 17 mai 1901.

de la Déclaration. *Il le reconnaît d'ailleurs lui-même expressément* (1). *Pour tous, excepté pour ceux que préoccupe exclusivement le désir louab'e de rechercher le point précis où émerge une idée, une institution, la déclaration des droits est essentielle-ment* française *et* révolutionnaire. *Il en est d'elle, comme de ces inventions qui ont toujours été précédées de quelque découverte dans laquelle elles étaient en quelque sorte renfermées en germe et en puissance. L'inventeur n'en est pas moins celui qui trouve l'application vraiment pratique, qui fait entrer l'invention dans le domaine des faits. Le précurseur est vite oublié, si on le connait jamais. Ainsi en est-il de la déclaration des droits de l'homme et du citoyen.*

Qui parle de déclaration des droits de l'homme et du citoyen a nécessairement en vue la France et la Révolution. L'histoire des Etats-Unis, aux époques où la déclaration des droits fait sa trouée dans le monde, est une histoire sans relief et assez obscure. L'histoire de la France à ces mêmes moments est une épopée. Et l'on peut bien dire que si la Révolution française n'avait pas faite sienne la déclaration des droits, cette dernière n'aurait jamais eu le retentissement qui l'a fait repro-

____

(1) P. 91 *in fine.*

duire dans la plupart des constitutions du monde civilisé. Les peuples qui se donnaient une déclaration des droits plus ou moins semblable à la nôtre ne pensaient guère à la Virginie ni au Massachusetts. Mais ils avaient été touchés par le souffle de notre grande Révolution et ils lui empruntaient cette nouvelle loi des XII Tables, ce nouveau credo, cet Évangile politique des temps modernes dont on ne dira jamais assez les prodigieux résultats. Car c'est une transformation complète du droit public européen qui en a été la conséquence.

Il est de mode aujourd'hui, et souvent chez ceux qui ont le plus profité de la Révolution, d'attaquer les principes de 1789, de parler de la banqueroute de la Révolution.

Qu'ils trouvent donc dans n'importe quel pays des idées forces aussi merveilleusement agissantes que l'ont été et que le sont encore ces principes ! Qu'ils trouvent des formules d'un relief aussi net que ces phrases à la fois précises et larges, faites de haute raison et d'enthousiasme réfléchi !

Certes, parmi ces principes, il en est qui ont eu une destinée plus brillante que d'autres. On citerait peu de pays civilisés à l'heure actuelle où ne se trouvent consacrés la liberté individuelle, l'inviolabilité de la propriété, la liberté de conscience, *l'inviolabilité du domicile, la liberté de la presse, le libre vote de l'impôt et d'autres principes encore.*

Il en est, au contraire, qui subissent en ce moment une crise redoutable. La déclaration des droits est toute imprégnée d'individualisme. L'État y apparaît à peine, l'individu

> Couvre tout de son ombre, horizons et chemin.

Sur ce point la déclaration a un peu vieilli et les faits lui donnent quelquefois des démentis un peu brutaux.

L'État a prodigieusement accru son rôle, et tend à l'accroître encore; le principe de l'obligation se glisse tous les jours dans des rapports sociaux où on n'aurait pas soupçonné, il y a cent ans, qu'il pût même en être question. Ce n'est pas seulement l'école et le service militaire qui sont devenus obligatoires, c'est encore l'épargne, la prévoyance qui, de devoirs moraux, se transforment en devoirs juridiques.

Il faut bien reconnaître que la déclaration des droits n'a pas prévu ces transformations. Mais ses auteurs sont bien excusables de n'y avoir point songé. Pouvaient-ils deviner par avance le machinisme, l'industrialisme, la vapeur, l'électricité, qui ont si complètement bouleversé non seulement la production et le commerce, mais les conditions de la vie matérielle et, par suite, les rapports économiques des hommes entre eux, et par suite encore le droit, qui n'est, en somme, que la forme que prennent ces rapports ?

Certains principes renfermés dans la déclaration des droits ont donc vieilli, cela n'est pas douteux, et on fait fausse route quand on cherche à combattre des réformes récentes effectuées ou projetées parce qu'elles se trouvent en contradiction avec quelques parties de la déclaration. Ceux qui l'ont élaborée et votée auraient été les premiers à vouloir la modifier s'ils avaient pu deviner les transformations qui rendent ces réformes nécessaires.

Ce qui reste d'ailleurs des principes de 1789 et de la déclaration des droits est assez important pour qu'on puisse se consoler d'en voir quelques-uns s'en aller à la dérive. Il en est même certains qui sont des vérités assez absolues pour ne craindre aucune transformation sociale, si profonde soit elle.

Peut-être un jour viendra où l'ordre social et politique, sur lequel raisonnaient les constituants, aura disparu, sans laisser de traces, recouvert par la vague profonde d'où émergera une humanité nouvelle.

Après avoir socialisé l'armée, la justice, la législation, l'enseignement, l'État socialisera peut-être certaines branches de la production, peut-être *leur totalité. Rien de cela n'est impossible. Il n'y a rien de plus anti-scientifique que de croire à l'immobilité, à l'immuabilité dans la vie sociale et politique. Supposons ce jour arrivé. Les principes de 1789 auront-ils donc sombré d'une manière définitive? Non, certes, il en restera encore l'essentiel. Dans toute société, quelle que soit son organisation qu'elle soit individualiste ou socialiste, et c'est ce qui fait vraiment la grandeur de cette déclaration, la plupart de ses principes resteront debout et seront encore la charte de l'humanité nouvelle. Et le jour, sans doute bien reculé et d'un lointain devenir, où il n'y aura plus rien de privé, de particulier, de privatif dans l'ordre de la production, le jour où les professions, les métiers, la propriété seront devenus des fonctions comme le sont aujourd'hui celles de la justice ou de l'armée, ce jour-là, et pour cette société nouvelle, n'y aura-t-il pas encore à appliquer la plupart des maximes de la déclaration? ne sera-t-il pas toujours vrai qu'on ne doit reconnaître entre les hommes d'autres distinctions que celle de leurs vertus et de leurs talents? La liberté de conscience pourra-t-elle avoir vieilli?*

Cessons donc d'attaquer sottement cette déclaration des droits. N'oublions pas qu'elle date de plus de cent ans, et que cent ans équivalent à des milliers quand le monde marche avec la vitesse vertigineuse qui est la sienne aujourd'hui. Si donc, dans cet intervalle, des changements se produisent, n'en soyons pas étonnés. Il restera encore assez de principes de la déclaration pour qu'héritiers respectueux de la Révolution, nous lui soyions éternellement reconnaissants, nous, nos fils et nos petits enfants, des bienfaits qu'elle a semés sur sa route, du bien qu'elle a fait, et surtout de celui qu'elle a voulu faire.

F. LARNAUDE,
Professeur de droit public général à l'Université de Paris.

PRÉFACE DE L'AUTEUR

Cette étude a été écrite à l'occasion d'un ouvrage qui m'occupe depuis longtemps. Elle procède d'une vue d'ensemble que notre plus vif désir est de voir pénétrer dans les esprits. Il ne suffit pas, pour élucider les idées qui sont à la base des institutions modernes, de recourir à l'histoire de la littérature et d'étudier l'évolution des concepts juridiques. Il faut encore, et avant tout, en chercher l'origine dans l'histoire des institutions elles-mêmes qui se développent et se modifient comme se développent et se modifient la civilisation et le milieu social.

Heidelberg, 23 juin 1895.

CHAPITRE PREMIER

LA DÉCLARATION FRANÇAISE DES DROITS DE L'HOMME ET DU CITOYEN DU 26 AOUT 1789. — SA PORTÉE

La déclaration des droits de l'homme et du citoyen, du 26 août 1789, constitue un des événements les plus importants de la Révolution française. Elle a essuyé, de différents côtés, les critiques les plus opposées. Des historiens et des hommes d'Etat l'ont discutée à fond, et souvent sont venus à cette conclusion qu'elle a contribué pour beaucoup à créer cet état d'anarchie dans lequel la France est tombée après la prise de la Bastille. Ils se sont appliqués à démontrer que ses formules abstraites étaient ambiguës et par suite dangereuses ; qu'elles ne répondaient pas à la réalité politique, mais dénotaient une inexpérience absolue des choses publiques ; son pathos creux aurait égaré les esprits, troublé le calme du jugement, enflammé les passions et fait taire tout sentiment de devoir, — de devoir, il n'y en est même pas question (1). D'autres, par contre, surtout des français, l'ont célébrée comme une révélation historique à portée universelle ; comme un catéchisme des principes de 1789 qui forment le fondement éternel de l'ordre public ; comme le don le plus précieux que la France ait fait à l'humanité.

On a bien observé la portée historique et politique de ce document, mais beaucoup moins, l'importance qu'il a dans l'histoire du droit, et qu'il conserve encore de nos jours. Quoi qu'il en soit de la valeur intrinsèque des propositions générales contenues dans cette déclaration, il n'est pas moins constant que c'est sous son influence que s'est formée, dans le droit positif des Etats du continent, la notion des droits subjectifs et publics de l'individu. La littérature de droit public ne connaissait, jusque-là, que les droits des chefs de l'Etat, les privilèges des classes, des particuliers ou de certaines

---

(1) Ce jugement a été émis, comme on sait, en premier lieu, par *Burke* et *Bentham*, ensuite par *Taine*, Les origines de la France contemporaine. La Révolution, I, p. 273 et sv. ; *Oncken*, Das Zeitalter der Revolution, des Kaiserreiches und der Befreiungskriege, I, p. 229 sv. et *Weiss*, Geschichte der französischen Revolution, I, 1888, p. 263.

corporations. Les droits généraux des sujets n'apparaissaient que sous forme de devoirs de l'Etat, mais ne constituaient pas, pour l'individu, des titres caractérisés de droit. Ce n'est que par la déclaration des droits de l'homme que s'est formée, dans toute son ampleur, en droit positif, la notion des droits subjectifs du citoyen vis-à-vis de l'Etat, notion qui, jusqu'alors, n'était connue que du droit naturel. Cela a été réalisé en premier lieu par la constitution du 3 septembre 1791. En se basant sur la déclaration des droits de l'homme et du citoyen dont elle était précédée, elle fixait une série de droits naturels et civils garantis par la constitution (1).

Ces droits — qui en dernier lieu ont été énumérés dans la constitution du 4 novembre 1848 (2) — forment jusqu'à présent, avec le droit électoral, la base de la théorie et de la pratique française en matière de droits subjectifs et publics de l'individu (3). Sous l'influence de la déclaration française,

(1) Titre premier : Dispositions fondamentales garanties par la constitution.

(2) *Hélie*, Les constitutions de la France, p. 103 et sv.

(3) Cf. *Jellinek*, System der subj. oeffentlichen Rechte, p. 3, n° 1. Il en est autrement dans l'enseignement et la littérature contemporaine en France. Plusieurs auteurs, prenant en considération les résultats de la science de droit public en Allemagne, adoptent un point de vue différent. V. notamment M. *Larnaude*, Cours professés à la Faculté de droit de Paris.

presque toutes les autres constitutions du continent ont adopté de pareils catalogues de droits, dont les formules et les propositions, plus ou moins adaptées aux conditions particulières de divers Etats, présentent souvent de grandes différences non seulement dans la forme, mais aussi dans le fond.

La plupart des constitutions allemandes d'avant 1848, contiennent une section sur les droits des sujets. En 1848, l'Assemblée Nationale constituante vota, à Francfort, un exposé des droits fondamentaux du peuple allemand qui fut publié le 27 décembre 1848, comme loi d'Empire. Quoique cet exposé ait été déclaré nul par décision fédérale du 23 août 1851, il a conservé cependant une importance durable, puisque plusieurs de ses dispositions ont passé presque textuellement dans la législation actuelle de l'Empire (1). Dans les constitutions européennes, postérieures à l'époque de 1848, ces catalogues de droits ont été reproduits sur une grande échelle. Il en a été ainsi, notamment, dans la constitution prussienne du 31 janvier 1850, et

Cf. aussi thèse de *Barthélemy*. Essai d'une théorie des droits subjectifs des administrés dans le droit administratif français. Paris, 1899.

(1) *Binding*, Der Versuch der Reichsgründung durch die Paulskirche, Leipzig, 1892, p. 23.

aussi dans la loi fondamentale de l'Empire d'Autriche sur les droits généraux des citoyens, du 21 décembre 1867. — En dernier lieu, ces principes ont été énoncés dans les constitutions des Etats balkaniques.

La constitution de la confédération germanique du Nord, du 26 juillet 1867, et celle de l'Empire allemand, du 16 avril 1871, forment une exception remarquable à ce que nous venons de constater. Nulle part, on n'y voit mentionnés les droits fondamentaux des individus. Dans la constitution de l'Empire, cette déclaration n'était pas nécessaire, d'autant plus que ces droits étaient expressément formulés dans les constitutions des Etats particuliers. De plus — et c'est une remarque que nous avons déjà faite — les plus importantes des règles fondamentales proclamées à Francfort ont été mises en œuvre dans une série de lois de l'Empire. Et il était oiseux de donner à ces droits une consécration constitutionnelle à part ; en effet, le Reichstag, qui certainement devait avoir le plus d'intérêt à leur maintien, n'avait pas à observer des conditions spéciales pour modifier la constitution (1). En réalité, les droits subjectifs et

____

(1) Lors de la discussion de la constitution, le Reichstag rejeta toutes les propositions qui voulaient faire figurer dans le

publics de l'individu sont beaucoup plus largement compris et appliqués dans l'Empire d'Allemagne que dans la plupart des Etats dont les constitutions renferment des déclarations expresses de droits fondamentaux. C'est ce qu'on peut voir, par exemple, en jetant un coup d'œil sur la législation et sur la pratique judiciaire et administrative de l'Autriche.

On peut différer d'avis sur la valeur et la portée pratiques de l'énonciation de principes abstraits ayant trait à la situation juridique de l'individu dans l'Etat. Ces principes sont, en quelque sorte, lettre morte quand ils ne sont pas mis en œuvre dans des lois détaillées ; toutefois, on ne peut ne pas être d'accord sur ce fait que la reconnaissance de ces principes est historiquement liée à la déclaration française. L'histoire constitutionnelle a la lourde tâche de fixer l'origine de la Déclaration des Droits de 1789. Il importe de bien connaître cette origine non seulement pour comprendre le développement de l'Etat moderne, mais aussi la situation qui y est assignée à l'individu. Jusqu'à présent, on s'est contenté d'énumérer dans les œuvres de droit public, les précédents de la Décla-

texte constitutionnel les droits fondamentaux. Cf. *Bezold*, Materialien der deutschen Reichsverfassung, III, p. 896-1010.

ration de 1789, depuis la « Magna charta » jusqu'à la Déclaration d'indépendance des États-Unis. Mais on n'a pas fait de recherches plus approfondies sur les sources auxquelles ont puisé les Français.

L'opinion la plus répandue soutient que les théories du *Contrat social* ont suscité la Déclaration des Droits de l'homme, et que la déclaration d'indépendance des 13 États confédérés de l'Amérique du Nord, lui a servi de modèle. Examinons présentement l'exactitude de ces assertions.

CHAPITRE II

LE CONTRAT SOCIAL DE ROUSSEAU N'EST PAS LA SOURCE
DE LA DÉCLARATION FRANÇAISE.

Dans son *Histoire de la science politique*, l'ouvrage le plus étendu en ce genre que la France possède, Paul Janet, après une exposition détaillée du *Contrat social*, traite de l'influence que cette œuvre de Rousseau a exercé sur la Révolution. L'idée de la Déclaration des Droits de l'homme se ramènerait aux principes de Rousseau. La déclaration elle-même ne serait-elle autre chose que le libellé du contrat social selon les idées de Rousseau, et les droits particuliers que les clauses et les conditions de ce contrat ? (1)

(1) « Est-il nécessaire de prouver, qu'un tel acte ne vient point de Montesquieu, mais de J.-J. Rousseau ?... Mais l'acte même de la déclaration est-il autre chose que le contrat passé entre tous

C'est une chose difficilement compréhensible qu'un auteur qui connaît si bien le contrat social ait pu partager en cette matière l'opinion courante.

Le contrat social se réduit à une seule clause, à savoir, l'aliénation complète de tous les droits de l'individu à la communauté (1). L'individu ne conserve plus pour lui un seul atome de droits à partir du moment où il entre dans l'Etat (2). Tout ce qu'il a en fait de droits, il le reçoit de la volonté générale qui, seule, détermine ses limites, mais ne doit et ne peut être restreinte juridiquement par aucun pouvoir. Même la propriété n'appartient à l'individu qu'en vertu d'une concession de l'Etat ; le contrat social rend l'Etat maître de tous les biens de ses membres (3) qui continuent à posséder seulement comme « *dépositaires du bien public* (4). »

les membres de la communauté, selon les idées de Rousseau ? N'est-ce pas l'énonciation des clauses et des conditions de ce contrat ? » Histoire de la science politique, 3º éd. p. 457, 458.

(1) « Ces clauses, bien entendues, se réduisent toutes à une seule : savoir, l'aliénation totale de chaque associé avec tous ses droits à toute la communauté. » Du contrat social, I, 6.

(2) « De plus, l'aliénation se faisant sans réserve, l'union est aussi parfaite qu'elle peut l'être et nul associé n'a plus rien à réclamer », *op. cit.* I, 6.

(3) « Car l'Etat, à l'égard de ses membres, est maître de tous leurs biens par le Contrat social, » *op. cit.*, I, 9.

(4) «...... Les possesseurs étant considérés comme dépositaires du bien public, » *ib.*, I, 9.

La liberté civique consiste simplement dans ce qui reste à l'individu après la détermination de ses devoirs civiques (1). Ces devoirs, la loi seule peut les édicter. Selon le contrat social, les lois doivent être égales pour tous les citoyens ; c'est pour la puissance souveraine, qui porte en elle-même ses garanties (2), la seule limite ; elle découle, d'ailleurs, de sa propre nature (3).

La conception d'un droit originaire que l'homme transporterait dans la société, et qui se présenterait comme une limitation juridique du souverain, est expressément rejetée par Rousseau.

Il n'y a pas de loi fondamentale qui puisse lier la communauté, pas même le contrat social (4).

Or, la déclaration des droits prétend tracer entre l'Etat et les individus la ligne de démarcation éter-

---

(1) « On convient que tout ce que chacun aliène, par le pacte social, de sa puissance, de ses biens, de sa liberté, c'est seulement la partie de tout cela dont l'usage importe à la communauté ; mais il faut convenir aussi que le souverain seul est juge de cette importance, » *ib.* II, 4.

(2) « La puissance souveraine n'a nul besoin de garant envers les sujets, » *ib.* I, 7.

(3) « Ainsi, par la nature du pacte, tout acte de souveraineté, c'est-à-dire tout acte authentique de la volonté générale, oblige ou favorise également tous les citoyens, » II, *ib.* 4.

(4) « Il est contre la nature du corps politique que le souverain s'impose une loi qu'il ne puisse enfreindre...... il n'y a ni ne peut y avoir nulle espèce de loi fondamentale obligatoire pour le corps du peuple, pas même le contrat social. » *ib.* I, 7.

nelle que le législateur doit toujours avoir devant les yeux, comme la limite qui, une fois pour toutes, lui est imposée par « les droits naturels, inaliénables et sacrés de l'homme (1) ».

Les principes du *Contrat social* sont, par suite, absolument contraires à toute déclaration des droits ; car, d'eux, découle non le droit de l'individu, mais la toute puissance de la volonté générale qui, juridiquement, est sans limites. Bien mieux que Janet, Taine a saisi les conséquences du *Contrat social* (2).

La Déclaration du 26 août 1789 se fit en contradiction avec le *Contrat social*. L'œuvre de Rousseau a exercé, il est vrai, sur quelques formules de cette Déclaration, une certaine influence de style ; mais l'idée de la Déclaration même provient nécessairement d'une autre source.

(1) Constitution du 3 septembre 1791, titre premier : « Le pouvoir législatif ne pourra faire aucune loi qui porte atteinte et mette obstacle à l'exercice de droits naturels et civils consignés dans le présent titre, et garantis par la constitution. »
(2) Cf. *Taine*, op. cit. L'ancien régime, p. 321 et sv.

CHAPITRE III

LA DÉCLARATION FRANÇAISE S'EST INSPIRÉE
DES « BILLS OF RIGHTS » (DÉCLARATIONS DES DROITS)
DES COLONIES DE L'AMÉRIQUE DU NORD

L'idée d'une déclaration des droits était déjà exprimée en France avant la réunion des Etats généraux. Elle se trouvait dans nombre de cahiers ; celui du bailliage de Nemours est particulièrement remarquable à ce point de vue ; il contient un chapitre intitulé : « de la nécessité d'établir quels sont les droits de l'homme et des citoyens (1) », ainsi qu'un projet en trente articles. Parmi les autres projets, celui qui se trouve dans le cahier du tiers

(1) « De la nécessité d'établir quels sont les droits de l'homme et des citoyens, et d'en faire une déclaration qu'ils puissent opposer à toutes les espèces d'injustices. » Archives parlemen- aires, I, série IV, p. 161 et sv.

état de la ville de Paris, présente un intérêt tout particulier (1).

Dans l'Assemblée Nationale, ce fut Lafayette qui, le 11 juillet 1789, proposa d'ajouter à la constitution une déclaration de droits et présenta en même temps un projet d'une telle déclaration (2).

La doctrine dominante croit que Lafayette a été incité à cette proposition par la déclaration d'indépendance de l'Amérique du Nord (3). Cette dernière est d'ailleurs regardée comme le modèle que la Constituante eut à l'esprit, lors de sa délibération sur cette déclaration. Plusieurs relèvent, d'une façon élogieuse, la manière brève et concise, ainsi que le caractère positif du document américain, en face du verbiage obscur et du doctrinarisme de la déclaration française (4). D'autres lui opposent

(1) Archives parlementaires, V, p. 281 et sv.

(2) Archives parlementaires, VIII, p. 221, 222. V. à ce sujet la collection des textes publiés sous le titre : La déclaration des droits de l'homme et du citoyen de 1789. Paris, Hachette, 1900, p. 20 et sv.

(3) Cf. par exemple. *H. v. Sybel*, Geschichte der Revolutionszeit von 1789, *bis* 1800 (Histoire de l'époque révolutionnaire depuis 1789 jusqu'en 1800), 4⁰ édit. I, p. 73.

(4) Cf. *Hæusser*, Geschichte der franz. Revolution (Histoire de la Révolution française), 3ᵉ éd. p. 169 ; H. *Schulze*, Lehrbuch des deutsches Staatsrechts I, p. 368 ; *Stahl*, Staatslehre, 4ᵉ édit., p. 523 ; *Taine*, op. cit. La Révolution I, p. 274 : « Ici rien de semblable aux déclarations précises de la constitution américaine. » Adde Note 1. « Cf. la déclaration d'indépendance du 4 juillet 1776. »

aussi, comme un contraste plus topique, les premiers amendements de la constitution de l'Union (1), ou croient même à leur influence sur la déclaration française, bien qu'ils aient été adoptés seulement après le 28 août 1789. Cette erreur provient de ce que la déclaration de 1789 est reproduite mot à mot dans la constitution du 9 septembre 1791 ; elle est inévitable pour celui qui n'est pas assez familier avec l'histoire constitutionnelle française, et qui a seulement devant les yeux les textes des constitutions, de telle sorte que la déclaration de 1789 paraît porter une date postérieure.

C'est une opinion générale. pour tous ceux qui remontent au delà de la déclaration française, que la proclamation d'indépendance des Etats-Unis, du 4 juillet 1766, contient le premier exposé d'une série de droits de l'homme (2).

---

(1) *Stahl*, op. cit., p. 524 ; *Taine*, loc. cit. Il relève aussi dans la note que Jefferson proposa une déclaration des droits qui fut refusée.

(2) *Stahl*, op. cit., p. 523, cite en passant les déclarations des Etats particuliers, mais n'indique pas exactement de quelle époque elles émanent, ou dans quel rapport elles se trouvent avec la déclaration française. De plus, il ressort de sa remarque qu'il ne les connaît pas de bien près. *Janet* aussi, op. cit. t. II, mentionne dans son introduction, p.XIV et sv., les déclarations américaines, sans préciser pourtant, d'une façon exacte, leur relation avec la déclaration française.

La déclaration d'indépendance de l'Amérique ne présente cependant qu'une seule proposition ressemblant à une déclaration des droits. Elle est conçue en ces termes :

« Nous regardons comme incontestables et évidentes par elles-mêmes les vérités suivantes : Que tous les hommes ont été créés égaux ; qu'ils ont été doués par le Créateur de certains droits inaliénables ; que parmi ces droits on doit placer, au premier rang, la vie, la liberté et la recherche du bonheur. Que, pour s'assurer la jouissance de ces droits, les hommes ont établi parmi eux des gouvernements dont la juste autorité émane du consentement des gouvernés. Que, toutes les fois qu'une forme de gouvernement quelconque devient destructive de ces fins pour lesquelles elle a été établie, le peuple a le droit de la changer ou de l'abolir, et d'instituer un nouveau gouvernement, en établissant ses fondements sur les principes, et en organisant ses pouvoirs dans la forme qui lui paraîtra la plus propre à lui procurer la sûreté ou le bonheur (1). »

Cette proposition est conçue en des termes si généraux qu'on peut difficilement y voir ou en

(1) Traduction de *Laboulaye*. Histoire des Etats-Unis, t. II, p. 321 (éd. de 1868).

faire découler tout un système de droits. Il est donc *a priori* invraisemblable qu'elle ait été le modèle de la déclaration française.

Cette supposition devient une certitude grâce à Lafayette. En un passage de ses Mémoires, qui jusqu'ici a passé complètement inaperçu, il nomme le modèle qu'il a en vue dans sa proposition à la Constituante (1).

Il fait justement observer que le congrès de la nouvelle confédération des Etats libres de l'Amérique du Nord n'était alors nullement en état d'édicter des règles de droit ayant force obligatoire pour les colonies particulières qui s'étaient élevées au rang d'Etats souverains. Il expose que, dans la déclaration d'indépendance, seuls sont exprimés le principe de la souveraineté nationale et le droit de changer la forme du gouvernement. Les autres droits sont seulement contenus, d'une manière implicite, dans l'énumération des violations de droits par lesquelles doit être justifiée la séparation d'avec la mère patrie.

Mais il en était autrement des constitutions des

(1) Mémoires, correspondances et manuscrits du général *Lafayette*, publiés par sa famille, t. II, p. 305, Paris, Londres, 1837. Dans le texte allemand, l'auteur cite Lafayette d'après l'édition de Brockhaus et Avenarius, Leipzig, 1837, où le passage en question figure au t. II, p. 46.

Etats particuliers de l'Union ; celles-ci étaient précédées de déclarations des droits qui avaient force obligatoire pour les représentants du peuple. *Le premier Etat qui ait produit une pareille déclaration des droits, dans le sens propre de ce mot, fut la Virginie* (1).

La déclaration de la Virginie et celles des autres Etats particuliers de l'Amérique, étaient la source de la proposition de Lafayette. Mais elles n'ont pas seulement influé sur lui, mais aussi sur tous ceux qui désiraient faire adopter une déclaration des droits. Déjà les cahiers précités se trouvent sous l'influence de ces déclarations.

Les nouvelles constitutions des Etats particuliers de l'Amérique, étaient alors bien connues en France. Déjà, en 1778, avait paru en Suisse une traduction française dédiée à Franklin (2).

Une autre traduction due à l'initiative de Benja-

(1) « Mais les constitutions que se donnèrent successivement les treize Etats furent précédées de déclarations des droits, dont les principes devaient servir de règles aux représentants du peuple, soit aux conventions, soit dans les autres exercices de leurs pouvoirs. La Virginie fut la première à produire une déclaration des droits proprement dite. » op. cit. p. 305. Edit. de Leipzig, t. II, p. 47.

(2) Recueil des lois constitutives des colonies anglaises, confédérées sous la dénomination d'Etats-Unis de l'Amérique-Septentrionale. Dédié à M. le docteur Franklin. En Suisse, chez les libraires associés.

min Franklin lui-même, fut publiée en 1783 (1).

Il s'en faut beaucoup que l'on ait jusqu'à présent suffisamment reconnu leur influence sur la législation constitutionnelle de la Révolution française. En général, jusqu'à ces derniers temps, on connaissait en Europe seulement la constitution de l'Union, non pas celles des Etats particuliers, qui occupent, dans l'histoire constitutionnelle moderne, une place éminente. L'importance de ces dernières est rehaussée avant tout par ce fait, ignoré même d'éminents historiens et de professeurs de droit public, que les Etats particuliers de l'Amérique ont eu les premières constitutions écrites. En Angleterre et en France, on a déjà commencé à apprécier l'importance dès constitutions américaines (2) ; en Allemagne,, elles sont restées jusqu'à présent presque inaperçues. Sans doute, pendant longtemps, les textes constitutionnels anciens étaient difficilement accessibles en Europe, dans leur ensemble ; cependant, grâce à l'édition qui, en 1877, sur l'ordre du Sénat des Etats-Unis, a été faite de tous les textes constitutionnels améri-

---

(1) Cf. *Ch. Borgeaud*, Etablissement et revision des constitutions en Amérique et en Europe. Paris, 1893, p. 27.

(2) Cf., notamment, l'excellent ouvrage de James *Bryce*, The American Commonwealth, vol. I, part. II : The state governments et *Borgeaud*, op. cit., p. 28 et sv.

cains (1), depuis les temps les plus reculés, on est maintenant en état de s'orienter facilement dans ces documents dont l'importance est si grande.

La déclaration française des droits a été imitée, dans son ensemble, des « bills of rights » américains ou de la « declaration of rights » (2). Tous les projets de la déclaration française, depuis ceux qui se trouvent dans les cahiers, jusqu'au 21 projets qui ont été déposés à l'Assemblée Nationale, développent avec plus ou moins d'ampleur les idées américaines. En fait d'additions originales, ces projets ne contiennent que des discussions de pure doctrine, ou des développements qui appartiennent plutôt au domaine de la métaphysique politique. Il est superflu de s'y arrêter ici. Tenons-nous au résultat : à la déclaration telle qu'elle fut adoptée

(1) The Federal and state Constitutions, colonial charters, and other organic laws of the United states. Compiled under an order of the United states senate by Ben. Perley *Poore*, Washington, 1877, 2 vol. à pagination continue. En fait de documents de l'époque coloniale, ne sont donnés que les plus importants. V. aussi *Gourd*, Les Chartes coloniales et les Constitutions des Etats-Unis de l'Amérique du Nord. Paris, 1885, 2 vol.

(2) Ceci n'est pas tout à fait clairement aperçu même de l'auteur français qui connaît le mieux l'histoire américaine, M. *Laboulaye*, comme cela appert de ses développements à la page 11, t. II, de son Histoire des Etats-Unis.

après de longs débats dans les séances du 20 au 26 août (1).

(1) Cf. Archives parlementaires, VIII, p. 461-489. Cf. Collection des textes publiés en 1900 : La déclaration des droits de l'homme. Paris, Hachette, p. 30-44-62.

CHAPITRE IV

LA DÉCLARATION DE LA VIRGINIE
ET DES AUTRES ÉTATS DE L'AMÉRIQUE DU NORD

Le 15 mai 1776, le Congrès de Philadelphie représentant les colonies résolues à se séparer de la mère patrie, les invita à se donner des constitutions. Parmi les 13 Etats qui, à l'origine, formaient l'Union, 11 avaient suivi cette invitation avant la Révolution française, et les deux autres conservèrent les chartes coloniales qui leur avaient été octroyées par la Couronne d'Angleterre. Ils se contentèrent de leur donner le caractère de constitutions. Le Connecticut eut ainsi la charte de 1662, et le Rhode Island, celle de 1663 ; ce sont, de ce fait, les plus anciennes constitutions écrites, au sens moderne du mot (1).

(1) Le Connecticut remplaça sa charte coloniale par une nou-

Parmi les autres Etats, la Virginie fut la première
qui adopta une constitution. Ce fut l'œuvre de la
convention qui siégea à Williamsburg du 6 mai
au 29 juin 1776. Cette constitution avait pour
préambule un solennel « bill of rights » (1) qui
fut adopté le 12 juin par la Convention ; son
auteur était Georges Mason. Madison a exercé
une influence considérable sur sa rédaction
définitive (2). Ce « bill of rights » était un vé-
ritable modèle pour toutes les autres déclarations
des droits, même pour celle du Congrès des Etats-
Unis, qui ne fut adoptée que trois semaines après
celle de la Virginie. Notons que c'était Jefferson,
citoyen de ce dernier Etat, qui avait rédigé la déclaration du Congrès. Dans les autres déclarations,
bien des propositions diffèrent par la forme de celle
de la Virginie ; bien souvent même, de nouvelles
dispositions y sont ajoutées (3).

velle constitution en 1818, et le Rhode Island, en 1841 seulement.

(1) *Poore*, op. cit., II, 1908-1909.

(2) Cf. sur la formation du bill of rights de la Virginie, *Bancroft*, History of the United States, London, 1861, VII, ch. LXIV.

(3) La déclaration de la Virginie comprend 16 articles, celle
de Massachusetts, 30 et celle de Maryland, jusqu'à 42. La déclaration de la Virginie ne contient rien sur le droit d'émigration
qui a été formulé, pour la première fois, dans l'art. XV de la
Constitution de Pennsylvanie, elle ne mentionne pas non plus le
droit de réunion et le droit de pétition qui apparaissent également pour la première fois, dans le bill of rights (art. XVI) de
la Pennsylvanie.

Des déclarations expresses de droits, après celle de la Virginie, ont été encore formulées, avant 1789, dans les constitutions de :

> Pennsylvanie, du 28 septembre   1776,
> Maryland,   11 novembre 1776,
> Caroline du Nord, 18 décembre   1776,
> Vermont,   8 juillet   1777 (1),
> Massachusetts,   2 mars   1780,
> New-Hampschire, 31 octobre   1783,
> (entrée en vigueur le 2 juin 1784.)

Dans les plus anciennes constitutions de New-Jersey, Caroline du Sud, New-York, et Georgie, des « bills of rights » particuliers font défaut ; toutefois, elles contiennent maintes dispositions qui rentrent dans cet ordre d'idées (2). La traduction française des constitutions américaines, de l'année 1778, contient pour Delaware une « déclaration expositive (*sic*) des droits (3) ». Elle fut

---

(1) La qualité d'Etat a été contestée à l'Etat de Vermont, jusqu'en 1790 ; il n'a été reconnu comme membre indépendant des Etats-Unis que le 18 février 1791.

(2) La liberté religieuse, notamment, est reconnue d'une manière particulièrement énergique par la constitution de New-York du 20 avril 1777, art. XXXVIII, *Poore*, II, p. 1338.

(3) Recueil des lois constitutives des colonies anglaises, cité ci-dessus, p. 151 et sv. Elle compte 23 articles.

adoptée le 11 septembre 1776. Elle manque dans la collection de Poore (1).

Nous allons placer maintenant les propositions particulières de la déclaration française en face des déclarations américaines correspondantes. J'ai toujours choisi parmi elles celles qui, même dans la forme, se rapprochent le plus du texte français. Il est nécessaire de faire observer à nouveau que les idées fondamentales des déclarations américaines sont, le plus souvent, absolument identiques. Par suite, la même proposition revient sous une forme différente dans le plus grand nombre des « bills of rights ».

Nous laissons de côté le préambule dont la Constituante fit précéder la déclaration, et nous commençons par l'énumération des droits. Ce préambule même, dans lequel l'Assemblée Nationale, « en présence et sous les auspices de l'Etre suprême, » proclame solennellement la reconnaissance et la déclaration des droits de l'homme et du citoyen, ainsi que leur impor-

---

(1) *Poore*, op. cit. — Le texte original de cette déclaration a été dernièrement publié et analysé par *Farrand* : The Delaware Bill of rights of 1776, American Historical Review, vol. III, 1898, p. 641 et suiv.

tance, — a eu pour modèle, en grande partie, la déclaration du Congrès et les déclarations de plusieurs Etats particuliers de l'Union, qui voulaient motiver leur séparation d'avec la mère patrie.

CHAPITRE V

COMPARAISON DES DÉCLARATIONS FRANÇAISES ET DES
DÉCLARATIONS AMÉRICAINES

<table>
<tr><td>

*Déclaration des droits de
l'homme et du citoyen.*

</td><td>

*« Bills of rights » améri-
cains.*

</td></tr>
<tr><td>

Art. 1. Les hommes naissent et demeurent libres et égaux en droits. Les distinctions sociales ne peuvent être fondées que sur l'utilité commune.

2. Le but de toute association politique est la conservation des droits naturels et imprescriptibles de l'homme. Ces droits sont la liberté, la propriété, la sûreté et la résistance à l'oppression.

</td><td>

Virginia I. That all men are by nature equally free and independent, and have certain inherent rights, of which, when they enter into a state of society, they cannot, by any compact, deprive or devest their posterity ; namely the enjoyment of life and liberty, with the means of acquiring and possessing property, and pursuing and obtaining happiness and safety.

</td></tr>
</table>

Virginia IV. That no man, or set of men, are entitled to exclusive or separate emoluments or privileges from the community, but in consideration of public services.

Massachusetts Preamble of the constitution. The end of the institution, maintenance, and administration of government is to secure the existence of the body-politic, to protect it, and to furnish the individuals who compose it with the power of enjoying, in safety and tranquillity, their natural rights and the blessings of life.

Maryland IV. The doctrine of non-resistance, against arbitrary power, and oppression, is absurd, slavish and destructive afe the good and happiness of mankind.

* *

3. Le principe de toute souveraineté réside essentiellement dans la Nation. Nul corps, nul individu ne peut exercer d'autorité qui n'en émane expressément.

Virginia II. That all power is vested in, and consenquently derived from, the people; that magistrates are their trustees and servants, and at all time amenable to them,

* *

4. La liberté consiste à pouvoir faire tout ce qui ne nuit pas à autrui ; aussi l'exercice des droits naturels de chaque homme n'a de bornes que celles qui assurent aux autres membres de la société la jouissance de ces mêmes droits. Ces bornes ne peuvent être déterminées que par la loi.

Massachusetts Preamble. The body-politic is formed by a voluntary association of individuals; it is a social compact by which the whole people covenants with each citizen and each citizen with the whole people that all schall be governed by certain laws for the common good.

Massachusetts X. Each individual of the society has a right to be protected by it in the enjoyment of his life, liberty, and property, according to standing laws.

* *
*

5. La loi n'a le droit de défendre que les actions nuisibles à la société. Tout ce qui n'est pas défendu par la loi ne peut être empêché, et nul ne peut être contraint à faire ce qu'elle n'ordonne pas.

Massachusetts XI. Every subject of the commonwealth ought to find a certain remedy, by having recourse to the laws, for all injuries and wrongs which he may receive in his person property, or character.

North-Carolina XIII. That every freeman, restrained of his liberty, is entitled to a remedy, to inquire into the lawfulness thereof, and to remove the same, if unlawful ; and that such remedy ought not be denied or delayed.

Virginia VII. That all power of suspending laws, or the execution o.

6. La loi est l'expression de la volonté générale. Tous les citoyens ont le droit de concourir personnellement ou par leurs représentants à sa formation. Elle doit être la même pour tous, soit qu'elle protège, soit qu'elle punisse. Tous les citoyens étant égaux à ses yeux, sont également admissibles à toutes dignités, places et emplois publics, selon leur capacité, et sans autre distinction que celle de leurs vertus et leurs talents.

laws, by any authority without the consent of the representatives of the people, is injurious to their rights, and ought not to be exercised (1).

* * *

Maryland V. That the right in the people to participate in the Legislature, is the best security of liberty, and the foundation of all free government.

Massachusetts IX. All elections ought to be free (2); and all the inhabitants of this commonwealth, having such qualifications as they shall establish by their frame of government, have an equal right to elect officers, and to be elected for public employments.

(1) Cf. « bill of rights » anglais 1.
(2) Bill of rights 8.

New-Hampschire XII.
Nor are the inhabitants of this state controllable by any other laws than those to which they or their representative body have given their consent.

* *
* *

7. Nul homme ne peut être accusé, arrêté, ni détenu que dans les cas déterminés par la loi et selon les formes qu'elle a prescrites. Ceux qui sollicitent, expédient, exécutent ou font exécuter des ordres arbitraires doivent être punis ; mais tout citoyen appelé ou saisi en vertu de la loi doit obéir à l'instant ; il se rend coupable par sa résistance.

Massachusetts XII. No subject shall be held to answer for any crimes or no offence until the same is fully and plainly, substantially and formaly, described to him ; or be compelled to accuse, or furnish evidence against himself ; and every subject shall have a right to produce, all proofs that may be favorable to him ; to meet the witnesses against him face to face, and to be fully heard in his defence by himself, or his counsel at his election. And no subject shall be arrested, imprisoned, despoiled or deprived of his property, immunities, or privileges, put out of the protection of the law, exiled or deprived of his life, liberty, or estate, but by judgment of his peers, or the law of the land (1).

Virginia X. That general warrants, whereby an officer or messenger may be commanded to search suspected places without evidence of a fact committed, or to seize any person or persons not named, or whose offence is not particularly described and supported by evidence, are grievous and oppressive, and ought not tobe granted.

* *
*

8. La loi ne doit établir que des peines stricte-

New-Hampschire XVIII. All penalties ought to be

(1) Magna Charta 39.

ment nécessaires et nul ne peut être puni qu'en vertu d'une loi établie et promulguée antérieurement au délit et légalement appliquée.

proportionated to the nature of the offence (1).

Maryland XIV. That sanguinary laws ought to be avoided, as far as is consistent with the safety of the state : and no law, to inflict cruel and unusual pains and penalties, ought to be made in any case, or at any time hereafter (2).

Maryland XV. That retrospective laws, punishing facts committed before the existence of such laws, and by them only declared criminal, are oppressive, unjust, and incompatible with liberty ; wherefore no ex post facto law ought to be made.

*
*

9. Tout homme étant présumé innocent jus-

Cf. ci-dessus *Massachusetts XII* et en outre :

(1) Magna Charta 20.
(2) « Bill of rights » anglais 10.

qu'à ce qu'il ait été déclaré coupable, s'il est jugé indispensable de l'arrêter, toute rigueur qui ne serait pas nécessaire pour s'assurer de sa personne doit être sévèrement réprimée par la loi.

Massachusetts XIV. Every, subject has a right to be secure from all unreasonable searches and seizures of his person, his houses, his papers, and all his possessions.

Massachusetts XXVI. No magistrate or court of law shal! demand excessive bail or sureties, impose excessive fines (1)...

***

10. Nul ne doit être inquiété pour ses opinions, même religieuses, pourvu que leur nanifestation ne trouble pas l'ordre public établi par la loi.

New-Hampschire V. Every individual has a natural and inalienable right to worship god according to the dictates of his own conscience, and reason ; and no subject shall be hurt, molested or restrained in his person, liberty or estate

(1) « Bill of rights » anglais 10.

for worshipping god, in the manner and season most agreeable to the dictates of his own conscience, or for his religious profession, sentiments or persuasion ; provided he doth not disturb the public peace, or disturb others, in their religious worship.

* *
*

11. La libre communication des pensées et des opinions est un des droits les plus précieux de l'homme ; tout citoyen peut donc parler, écrire, imprimer librement sauf à répondre de l'abus de cette liberté dans les cas déterminés par la loi.

Virginia XII. That the freedom of the press is one of the great bulwarks of liberty, and can never be restrained but by despotic governments.

Pennsylvania XII. That the people have a right to freedom of speech, and of writing, and publishing their sentiments.

* * *

12. La garantie des droits de l'homme et du citoyen nécessite une force publique. Cette force est donc instituée pour l'avantage de tous, et non pour l'utilité particulière de ceux auxquels elle est confiée.

Pennsylvania V. The government is, or ought to be, instituted for the common benefit, protection and security of the people, nation or community; and not for the particular emolument or advantage of any single man, family, or sett of men, who are a part only of that community.

* * *

13. Pour l'entretien de la force publique et pour les dépenses d'administration, une contribution commune est indispensable ; elle doit être également répartie entre tous les citoyens en raison de leurs facultés.

Massachusetts X. Each individual of the society has a right to be protected by it in the enjoyment of his life, liberty, and property, according to standing laws. He is obliged, consenquently, to contribute his share to the expense of this protection ; to give his personal service, or an equivalent, when necessary.

***

14. Tous les citoyens ont le droit de constater, par eux-mêmes ou par leurs représentants, la nécessité de la contribution publique, de la consentir librement, d'en suivre l'emploi, et d'en déterminer la qualité, l'assiette, le recouvrement et la durée.

Massachusetts XXIII. No subsidy, charge, tax, impost, or duties, ought to be established, fixed, laid or levied, under any pretext whatsoever, without the consent of the people, or their representatives in the legislature.

***

15. La société a le droit de demander compte à tout agent public de son administration.

V. ci-dessus Virginia II ; en outre :
Massachusetts V. All power residing originally

in the people, and being derived from them, the several magistrates and officers of government vested with authority, whether legislative, executive or judicial, are the substitutes and agents, and are at all times accountable to them.

⁎

16. Toute société, dans laquelle la garantie des droits n'est pas assurée, ni la séparation des pouvoirs déterminée, n'a point de constitution.

New - Hampschire III. When men enter into a state of society, they surrender up some of their natural rights to that society, in order to insure the protection of others; and without such an equivalent, the surrender is void.

Massachusetts XXX. In the government of this commonwealth, the legislative department shall never exercise the exe cutive and judicial powers, or either of them; the executive shall never exercise the legislative and judicial powers, or either of them; the judicial shall never exercise the legislative and executive powers, or either of them; to end it may be a government of laws, and not of men.

***

17. La propriété étant un droit inviolable et sacré, nul ne peut en être privé, si ce n'est lorsque la nécessité publique, légalement constatée, l'exige évidemment, et sous la condition d'une juste et préalable indemnité.

Massachusetts X... but no part of the property of any individual can, with justice, be taken from him or applied to public uses, without his own consent, or that of the representative body of the people... And whenever the public exigencies require that the property of any individual should be appropriated to public uses, he shall receive a reasonable compensation therefor.

Vermont II. That private property ought to be subservient to public uses, when necessity requires it ; nevertheless, whenever any particular man's property is taken for the use of the public, the owner ought to receive an equivalent in money.

CHAPITRE VI

CONTRASTE ENTRE LES DÉCLARATIONS AMÉRICAINES ET ANGLAISES

En comparant la déclaration américaine avec la déclaration française, on voit tout d'abord que toutes les deux énoncent, avec le même pathos, des principes abstraits, et par cela même ambigus. Les Français ont, non seulement, adopté les idées américaines, mais encore la forme en laquelle elles étaient exprimées de l'autre côté de l'Océan. En face de l'abondance d'expressions des américains, les Français se distinguent même par la concision qui est dans le caractère de leur langue. En fait d'additions originales, la déclaration française contient principalement les art. 4-6, qui comprennent la définition de la liberté (1) et de la

(1) Elle se ramène en somme à l'ancienne définition de Flo-

loi, définitions qui peuvent paraître superflues et sans grande portée. De plus, dans les articles 4, 6 et 13 du texte français, l'égalité devant la loi est soulignée d'une manière particulièrement énergique, tandis qu'elle apparaît aux Américains, en raison de leurs conditions sociales et de leurs institutions démocratiques, comme allant de soi, et par suite, elle n'est relevée qu'incidemment dans la déclaration américaine. Dans la formule française, on voit clairement se refléter l'influence du *Contrat social;* mais, dans tout cela, il n'y a rien de nouveau pour les Américains.

Le résultat acquis par l'examen des effets de la déclaration française n'est pas dépourvu d'intérêt au point de vue de l'histoire. Avec leurs « bills of rights », les Etats américains se sont développés en sociétés bien ordonnées, où l'on n'a jamais eu à se plaindre des conséquences antisociales et révolutionnaires qu'elles pouvaient avoir. Par suite, les troubles qui se produisirent en France après la déclaration des droits de l'homme ne peuvent pas être attribués aux formules de cette déclaration. Elle a plutôt montré quels dangers peuvent provenir de l'adoption prématurée d'institutions étrangè-

rentinus : L. 4. D. 1, 5 : « Libertas est naturalis facultas ejus, quod cuique facere libet, nisi si quid vi aut jure prohibetur..

res. Les Américains, notamment, ont édifié leur régime social et politique en 1776 sur des bases déjà depuis longtemps existantes chez eux ; les Français, eux, au contraire, ont bouleversé toūs les fondements du leur. Ce qui, en Amérique, était la conséquence logique d'une évolution lente, ce qui constituait, pour ainsi dire, la clef de voûte d'un édifice bâti par un siècle d'histoire et ne devait servir, en somme, qu'à consolider cet édifice, ne reposait en France sur rien, et ne devait être qu'un agent actif de destruction du passé. Cela fut du reste reconnu par des hommes clairvoyants, comme Lally Tollendal (1) et avant tout Mirabeau (2).

Pour l'historien du droit, il ressort de l'étude des « bills of rights » américains un nouveau problème : comment les Américains, notamment, sont-ils arrivés à formuler de telles clauses législatives ?

Un examen superficiel semble appeler une réponse facile. Le nom même indique la source anglaise. Le « bill of rights » de 1689, l'« Habeas-Corpus » de 1679, la « petition of right » de 1627 et enfin la « Magna Charta libertatum », paraissent les précurseurs incontestables du « bill of rights » de la Virginie.

(1) Archives parlementaires, VIII, p. 222.
(2) Archives parlementaires, VIII, p. 438 et 453.

Certainement, le souvenir de ces célèbres lois anglaises qui étaient considérées par les Américains comme une partie de leurs lois propres, a exercé une influence considérable sur les déclarations des droits, depuis 1776. Maintes propositions de la « Magna Charta » et du « bill of rights » anglais, ont été directement incorporées par les Américains dans leurs exposés des droits.

Néanmoins, un abîme sépare les déclarations américaines des lois anglaises précitées. L'historien de la Révolution américaine en parlant de la déclaration de la Virginie, dit qu'elle contient une protestation contre toute tyrannie au nom des lois éternelles de l'humanité. « La pétition anglaise des droits de l'année 1688 était historique et rétrospective : la déclaration de Virginie, au contraire, venait directement du cœur de la nature et proclamait des principes directeurs pour tous les peuples dans les temps futurs (1). »

Les lois anglaises qui statuent sur les droits des sujets furent adoptées à l'occasion de faits précis et sont, soit la confirmation, soit l'interprétation d'un droit préexistant. Même, la « Magna Charta »

(1) « The English petition of right in 1688 was historic and retrospective ; the Virginia declaration came directly out of the heart of nature and annonced governing principles for all peoples in all future times » *Bancroft*, op. cit. VII, p. 243.

ne contient aucun droit nouveau, comme déjà Sir Edward Coke, le grand Jurisconsulte anglais, l'a reconnu au commencement du XVIIe siècle (1). Les lois anglaises sont bien loin de vouloir reconnaître les droits généraux de l'homme, elles n'ont ni le pouvoir, ni l'intention de limiter les facteurs législatifs et de poser des principes pour une législation future. D'après le droit anglais, le Parlement est tout puissant, toutes les lois qu'il a faites ou confirmées sont de même valeur.

Les déclarations américaines, au contraire, contiennent des règles qui sont au-dessus du pouvoir législatif ordinaire. Aussi bien dans l'Union que dans les Etats particuliers, il y a des organes distincts pour la législation ordinaire et la législation constitutionnelle, et le juge veille à ce que la puissance législative normale, n'enfreigne pas les limites de la constitution. Le juge doit refuser d'appliquer une loi qu'il considérerait comme contraire aux droits fondamentaux énoncés dans les « bills of rights. » Les déclarations des droits sont, aujourd'hui encore, considérées par les Américains, comme des garanties pratiques pour les minorités (2). C'est ce qui les distingue des « droits garan-

____

(1) Cf. *Blackstone*, Commentaries on the laws of England I, 1, p. 127 (éd. Kerr, London, 1887, I, p. 115.)

(2) Voir là-dessus *Cooley*, Constitutional limitations, 6e éd.

tis » dans les Etats européens. Les déclarations Américaines ne sont pas seulement, au point de vue formel, des lois d'une nature supérieure, elles sont aussi des créations d'un législateur supérieur. En Europe, les constitutions connaissent, il est vrai, des procédures qui rendent plus difficile la modification à apporter aux règles constitutionnelles, toutefois, c'est presque partout le même législateur qui doit décider des changements à effectuer. Le contrôle judiciaire n'existe même pas dans la Confédération Helvétique, bien que là, de même qu'aux Etats-Unis, les lois constitutionnelles ne soient pas votées par les mêmes organes que les lois ordinaires.

Les « bills of rights » américains veulent non seulement poser certains principes pour l'organisation publique, mais avant tout tracer la ligne de démarcation entre l'Etat et l'individu. D'après ces déclarations, l'individu ne devrait pas à l'Etat, mais à sa qualité d'homme, et à sa nature, les droits qu'il possède, droits qui sont inaliénables et inviolables.

Boston, 1890, ch. VII Même si la constitution d'un Etat ne contenait pas la proposition des « bills of rights », disant que seulement «by the law of land » (en vertu de la loi territoriale) quelqu'un pourrait être exproprié, une loi qui irait à l'encontre de cette règle serait nulle, la compétence du pouvoir législatif étant en principe essentiellement limitée. Op. cit., p. 208.

Les lois anglaises ignorent tout cela ; elles ne veulent pas reconnaître un droit éternel et naturel, mais un droit venant des ancêtres, les « droits anciens, incontestables, du peuple anglais ».

C'est sur ce point que se révèle de la manière la plus manifeste la conception anglaise du droit des sujets. En examinant avec attention le « bill of rights » de 1689, on trouve qu'il y est très peu question de droits individuels. Ne pas suspendre les lois, n'en dispenser personne, n'établir aucun tribunal d'exception, ne pas édicter de peines cruelles, avoir un jury impartial, ne lever aucun impôt sans loi, ne tenir sur pied une armée qu'avec le consentement du parlement, assurer la liberté et l'impartialité dans les élections au parlement, faire que le parlement soit convoqué régulièrement, ce sont là non pas des droits pour l'individu, mais des devoirs pour le gouvernement. Parmi les treize articles du « bill of rights », deux seulement contiennent des dispositions qui, dans leur forme, ont trait aux droits des sujets (1), tandis qu'un troisième vise la liberté de la parole des membres du parlement. Si, néanmoins, toutes les clauses du « bill of rights » sont désignées comme des droits et des libertés du peuple

______

(1) Le droit d'adresser des pétitions au roi (art. V) et le droit des sujets protestants, de porter suivant leur rang, des armes pour leur défense (art. VII).

anglais, cela tient à la conception que les restrictions imposées par la loi à la couronne constituent en même temps le droit du peuple.

Cette vue découle directement de la conception moyennageuse de l'Etat germanique. Tandis que l'Etat antique nous apparaît, au commencement de son histoire comme « πόλις » ou « civitas », comme une communauté unitaire, il y a, dès l'origine, une dualité dans l'Etat monarchique germanique : le prince et le peuple ne forment aucune unité intérieure, mais s'opposent comme deux sujets bien distincts. Dans la conception de cette époque, l'Etat constitue essentiellement un rapport contractuel entre ces deux sujets. L'école juridique romano-canonique, qui est sous l'influence d'anciennes traditions, cherche, depuis le xie siècle, à ramener à l'unité ces deux éléments, soit que, sur le fondement de l'idée du contrat, elle fasse abandonner au peuple ses droits en faveur du prince et mette, par suite, l'Etat dans le gouvernement, soit qu'elle voie dans le prince seulement le mandataire du peuple et identifie ce dernier avec l'Etat. Mais les théories dominantes en droit public, notamment depuis que l'Etat était formé d'ordres ou d'*états*, y voient un rapport essentiellement contractuel entre le prince et le peuple. Les lois seraient les règles et le contenu de ce contrat. Elles donneraient au prince le droit d'exiger du peuple l'obéissance légale, et au peuple le droit d'exiger du prince qu'il reste dans les limites établies par les lois : le peuple a ainsi un droit propre à l'exécution et au respect des lois par le prince.

Par suite, toutes les lois conféreraient au peuple un droit subjectif ; sous le mot peuple, c'est un point à noter, on désignait, d'une manière vague, aussi bien les particuliers que la communauté tout entière : *singuli* et *universi* (1). A ce point de vue, la réunion fréquente du parlement, la défense pour le juge d'infliger aucune peine cruelle, et tous les autres préceptes contenus dans la plus récente charte de liberté anglaise, constituent un « droit du peuple ».

Cette conception de la loi, comme une règle bilatérale créant des droits pour ces deux éléments de l'Etat, existe dans l'histoire anglaise la plus ancienne. Le droit que confère la loi se transmet de génération en génération, devient un droit héréditaire que tout membre du peuple acquiert en naissant. Sous Henri VI, on s'exprimait de la manière suivante (en parlant de la loi) : « *La ley*

---

(1) Les anciennes lettres de liberté anglaises assignent pour sujet de droit, aux « jura et libertates » tantôt les « homines in regno nostro », tantôt le « regnum » lui-même. La « petition of right » parle des « rights and liberties » des sujets, en les désignant également : « the laws and free customs of the realm. »

est la plus haute inhéritance que le roy ad ; car par la ley il même et toutes ses sujets sont rulés, et si la ley ne fuit, nul roy et nul inhéritance sera (1). » Et dans la « petition of right », le parlement invoque ce fait que les sujets ont hérité (2) de leurs libertés, car, comme s'exprime l'act of settlement, la loi est un « birthright », *c'est un droit de naissance, que le peuple a hérité des ancêtres* (3).

Aussi voyons-nous que les lois anglaises du xvii° siècle ne parlent que de droits anciens et des libertés de jadis ; le parlement ne demande que la confirmation « des laws and statutes of this realm », c'est-à-dire la confirmation des rapports qui existent entre le roi et le peuple. Il n'est nullement question, dans ces documents, de créer un nouveau droit. C'est pourquoi les principaux droits fondamentaux n'y sont pas mentionnés : la liberté en matière de religion, le droit d'asso-

(1) Year Books XIX, *Gneist.* Englische Verfassungsgeschichte, p. 450.

(2) By which the statutes before mentioned, and other the good laws and statutes of this realm, your subjects have inherited this freedom. » Gardiner, the constitutional documents of the Puritan revolution, 1889, p. 1, 2.

(3) « And whereas the laws of England are the birthright of the people thereof. » Act of settlement IV. *Stubbs,* Select charters, 7e éd. 1890, p. 531. Birthright=right by birth, the rights, privileges or possessions to which one is entitled by birth, inheritance, patrimony (specifically used of the special rights of the first born). *Murray,* a new English dictionnary on historical principles.

ciation, la liberté de la presse, le droit d'émigration ; même de nos jours, le droit anglais les ignore ;
ces branches de la liberté individuelle ne sont
protégées que par la règle générale de droit qui
défend de restreindre la liberté individuelle autrement qu'en vertu d'une disposition législative (1).
D'après la conception moderne des Anglais, le
droit de liberté consisterait simplement dans le
règne de la loi, et serait, non pas un droit subjectif, mais un droit objectif (2). La théorie que
Gerber a fondée en Allemagne — théorie que La-
band et d'autres auteurs encore ont défendue —
et qui affirme que les droits de liberté ne sont
que des devoirs du gouvernement, s'est développée, en Angleterre, d'une manière tout à fait indépendante de la doctrine allemande ; elle s'y est
formée à la suite des conditions historiques que
nous avons indiquées, à un moment où la théorie
du droit naturel sur les droits publics et subjectifs,
fondée par Locke et Blackstone, avait perdu en Angleterre toute son influence. Même, cette dernière

(1) Cf. les développements instructifs de *Dicey*, Introduction
to the study of the law of the constitution, 3ᵉ éd. 1889, p. 171 sv.
(2) *Dicey*, op. cit., p. 184 sv., 193 sv., 223 sv., etc. *Dicey* traite
des droits de liberté dans la section « the rule of law ». La liberté individuelle ne serait que le corollaire de la règle suivant
laquelle seules les lois pourraient imposer des limitations à
l'individu.

théorie se trouve encore chez Locke intimemen
liée aux anciennes idées anglaises. Cet auteur,
tout en soutenant que la propriété, qui dans son
idée comprend également la liberté et la vie, est
un droit originaire de l'individu, un droit antérieur à la société ; que l'Etat a été fondé en vue
de la protection de ce droit, et que ce dernier a
ainsi acquis le caractère d'un droit civil ; toutefois,
et c'est là un point important à noter, il n'attribue
pas aux hommes qui vivent en société des droits
fondamentaux strictement délimités ; il fixe plutôt
au pouvoir législatif des limites absolues qui dé-
coulent « du but même de l'Etat (1) ». Or, ces limites, à les examiner de plus près, ne sont autre
chose que les propositions les plus essentielles du
« bill of rights » qui est antérieur d'une année aux
« two treatises of government (2). »

C'est Blackstone qui établit le premier la théorie
du droit absolu des personnes dans son exposé des
droits subjectifs de l'individu. Il le fit d'abord dans
une œuvre anonyme parue à Oxford en 1754 (3) ;
elle contient les traits fondamentaux de ses célèbres *Commentaries* (1765).

(1) Cette matière est traitée dans le chapitre intitulé : « of the
extent of the legislative Power ». On civil government, XI.

(2) Cf. on civil government, XI, § 142.

(3) An Analysis of the Laws of England. 2ᵉ édit. 1757, ch. IV,
p. 78.

Blackstone dit que la sécurité, la propriété et la liberté sont des droits absolus pour tout anglais. Ces droits ne seraient autre chose, au fond, que ce qui reste de liberté naturelle à l'homme, abstraction faite des restrictions qui pourraient lui être imposées, dans l'intérêt général, par la loi (1).

La loi apparait comme une garantie de ces droits ; l'organisation parlementaire, la limitation de la prérogative royale, le droit à la protection judiciaire, le droit de pétition, le droit de porter les armes, sont considérés de la même manière que le fait le « bill of rights » ; à savoir : comme des droits pour les Anglais, et notamment comme des droits auxiliaires et subordonnés, destinés à garantir les trois droits absolus que nous avons indiqués (2).

Malgré ses conceptions de droit naturel, Blackstone ne reconnaît qu'aux sujets anglais la jouissance et l'exercice de ces droits (3).

Il en est autrement des déclarations américaines des droits. Elles commencent par déclarer que tous les hommes naissent absolument libres

_____

(1) « Political liberty is no other than natural liberty so far restrained by human laws (and no farther) as is necessary and expedient for the general advantage of the public. » *Commentaries*, op. cit., p. 125 (113).

(2) Op. cit., p. 141 sv. (127, sv).

(3) Cf. op. cit., p. 127 (114), 144 (130).

et que tout individu : « every individual all man-
hind, every member of society » possède des droits.
Elles énumèrent un nombre beaucoup plus grand
de droits que les déclarations anglaises, et les
considèrent comme innés et inaliénables. D'où
vient cette manière de voir des lois américaines?
Elle ne provient certainement pas du droit anglais. Il semble qu'on en devrait chercher la source
dans les conceptions de droit naturel de l'époque.
Mais on pourrait trouver des doctrines de droit naturel, même aux temps des Hellènes. Pourtant ces
théories n'ont jamais abouti à une déclaration des
droits. Les théories de droit naturel n'ont pas été
embarrassées de constater l'antinomie entre le droit
naturel et le droit positif, et loin d'en être choquées,
elles ne se sont jamais efforcées, et n'ont même pas
formulé la prétention de mettre en œuvre le droit
naturel dans le droit positif. Ainsi le Digeste (1),
dans un passage d'Ulpien, proclame que tous
les hommes sont égaux en droit naturel, mais
déclare que l'esclavage n'en est pas moins
une institution de droit civil. La conséquence
pratique de ces principes de droit naturel,
à savoir la suppression de l'esclavage, n'a

(1) L. 32. D. de R. J. De même en Grèce, les doctrines stoï-
ciennes de droit naturel, n'ont amené le moindre résultat pratique.

été ni demandée ni réalisée par les Romains.

Il en est de même au cours du xviiie siècle, où plusieurs auteurs concilient la liberté naturelle de l'homme, avec le servage en droit positif. Locke lui-même, pour qui la liberté constitue l'essence même de l'homme, sanctionne dans sa constitution de la Caroline du Nord, l'esclavage et le servage.

Les œuvres et les doctrines littéraires ne peuvent, par elles-mêmes, avoir aucun effet pratique, si elles ne se trouvent favorisées par des conditions historiques et si elles ne rencontrent un milieu social approprié. Quand on indique les précédents littéraires, d'une idée contenue dans une institution, on n'a pas par là montré son origine dans la pratique, ni expliqué sa signification historique. L'histoire politique est aujourd'hui encore beaucoup trop une histoire de la littérature, et très peu une histoire des institutions elles-mêmes. Le nombre des idées nouvelles, en matière politique, est bien minime, la plupart d'entre elles semblent avoir été déjà connues, du moins dans leur germe, par les plus anciennes doctrines de droit public. Il n'en est pas de même des institutions, qui sont en perpétuelle transformation, et doivent être comprises dans leur évolution historique particulière.

CHAPITRE VII

LA LIBERTÉ RELIGIEUSE DANS LES COLONIES ANGLO-
AMÉRICAINES — SA CONSÉQUENCE PRINCIPALE :
IDÉE DE CONSACRER LÉGISLATIVEMENT LES DROITS
GÉNÉRAUX DE L'HOMME.

L'idée démocratique, qui est à la base de l'organisation de l'Eglise réformée, a été logiquement
développée en Angleterre, à la fin du xvi⁰ siècle,
et cela, en premier lieu, par Robert Brown et ses
adeptes. D'après eux, l'Eglise s'identifierait avec
la communauté et constituerait une association
de croyants qui, par un pacte avec Dieu, se serait
soumise à Jésus-Christ ; de plus, ils reconnaissent
pour règle directrice la volonté de l'association,
c'est-à-dire celle de la majorité (1). Le « Brow-
nisme » fut persécuté en Angleterre, et il se réfu-

(1) *Weingarten*, Die Revolutionskirchen Englands, p. 21.

gia en Hollande, où, sous l'influence de John Robinson, il se transforma en « Congrégationalisme » qui n'est que la forme primitive de l'« Indépendentisme. » Les principes du « congrégationalisme » consistent d'abord dans la séparation de l'Eglise et de l'Etat, puis, dans le droit pour chaque communauté d'administrer, d'une manière autonome et indépendante, ses affaires spirituelles avec le libre et commun consentement du peuple, sous l'autorité directe de Jésus-Christ (1).

Cet individualisme absolu, en matière religieuse, eut des conséquences pratiques excessivement importantes. Il eut pour résultat de faire voir qu'il était nécessaire de reconnaître, d'une manière pleine et entière, la liberté de conscience ; et de faire réclamer, ensuite, cette liberté, comme un droit qui, n'ayant été accordé par aucune puissance terrestre, ne devait être restreint par aucun pouvoir ici-bas.

La doctrine « indépendentiste » ne se confina pas sur le terrain religieux, et, par une nécessité logique, elle s'étendit au domaine politique. Elle envisagea l'Etat, et en général toute association

---

(1) « Of spiritual administration and government in itself and over itself by the common and free consent of the people, independently and immediately under Christ. » *Weingarten*, op. cit., p. 25.

politique, de la même manière que l'Eglise, c'est-
à-dire qu'elle considéra toute association comme
le produit d'un contrat entre des associés originairement souverains (1). Ce contrat social aurait, il
est vrai, pour origine un commandement de Dieu ;
mais cela ne l'empêcherait pas de constituer, en
définitive, la seule base juridique de l'Etat. Il aurait été conclu, en vertu d'un droit naturel de
l'homme, non seulement pour assurer la sécurité
de l'individu et la prospérité publique ; mais, surtout, pour garantir et consacrer le droit inaliénable et inné de la liberté de conscience.

Et c'est tout le peuple, individu par individu,
qui aurait expressément conclu ce contrat, car

(1) Le fait que la doctrine du contrat social professée par les
« indépendants » est la conséquence logique de la conception
puritaire du *covenant :* le pacte constitutif de la congrégation est
relevé par *Borgeaud*, p. 9. — *Weingarten*, op. cit. en parlant des
« indépendants », fait très justement observer à la page 288 :
« Le droit de toute communauté religieuse de décider de sa
propre autorité de ses affaires et de se gouverner librement,
constitue la base de la doctrine de la souveraineté du peuple,
qui fut ainsi introduite dans la conscience politique du monde
moderne. » Cf. sur cette question *Gardiner*. Constitutional Documents of the Puritan Revolution, Oxford, 1889, p. 54 et s ; *Walker*
A history of the Congregational churches in the United states,
1894, p. 25 et s. 66, etc., *Riecker* Grundsäze reformierter Kir-
chenverfassung 1899, p. 73 et s. — Cf. aussi Laboulaye, op. cit.
t. I, p. 128.

c'est seulement de cette façon, que chacun peut être obligé de respecter l'autorité et la loi qu'il a créées.

Les premières traces de ces idées politico-religieuses remontent très haut, et sont antérieures à la Réformation. Mais, ce qui est tout à fait nouveau, c'est la pratique constitutionnelle qui s'est formée sur la base de ces idées. C'est la première fois, dans l'histoire, que de pareils contrats sociaux ont été non seulement réclamés, mais conclus réellement.

Ce qui, jusque-là, dormait dans les écrits poussiéreux des savants, devint un mouvement puissant qui imprima une nouvelle direction à la vie sociale.

Les hommes de ces temps croyaient que l'Etat reposait sur un contrat, et ils appliquèrent cette conception dans leur manière de vivre. La doctrine moderne du droit public n'a eu jusqu'à présent qu'une notion incomplète de ces faits. Elle les cite souvent comme un exemple de la fondation possible de l'Etat par contrat, sans soupçonner pourtant que ces pactes n'étaient que l'application vivante d'une théorie abstraite.

Le 28 octobre 1647 fut soumis au Conseil général de l'armée de Cromwell, le projet d'une nouvelle constitution de l'Angleterre élaboré par les Levellers (1). Ce projet, qui a été modifié et amplifié dans la suite (2), fut présenté au Parlement avec la prière de le soumettre à la signature de tout le peuple anglais(3).Ce remarquable document limite la puissance du Parlement, comme l'ont fait plus tard les Américains, et il énumère un certain nombre d'articles contre lesquels ne pourra pas s'exercer le pouvoir législatif. Il en est ainsi notamment en matière religieuse. Ces matières doivent relever uniquement de la conscience (4). Elles appartiennent aux droits innés, aux *native rights*, que le peuple est fermement décidé à défendre de toutes ses forces contre les moindres atteintes (5).

C'était la première fois qu'en Angleterre, on affirmait, dans un projet de loi, le droit naturel à la

(1) Réimprimé pour la première fois par *Gardiner*, History of the great civil war, III, p. 607-609. London, 1891. En partie aussi dans *Foster*, Commentaries on the constitution of the United states 1, 1896, p. 49 et s. — V. sur l'élaboration de ce projet, *Gardiner*. History III. p. 219 et s., *Bernstein*. Geschichte des Socialismus in Einzeldarstellungen, I, 2, 1895, p. 533 et s., 60 et s., *Foster*, op. cit. I, p. 46.

(2) Texte définitif chez *Gardiner*. Constitutional Documents of the Puritan Revolution. Oxford, 1889, p. 270-282.

(3) *Gardiner*, History III, p. 568.

(4) « That matters of religion and the ways of Gods worship are not at all entrusted by us to any human power. » *Gardiner*, History, p. 609.

(5) Cf. le texte dans *Gardiner*, Hist. p. 609.

liberté religieuse, et ce devait être la dernière. Cette liberté est actuellement reconnue, en fait, dans les institutions de ce pays; mais elle n'est nulle part expressément formulée en tant que principe (1).

Les conditions religieuses se forment et se développent d'une toute autre manière dans les colonies anglaises de l'Amérique du Nord.

On connaît bien ce pacte que les pères pèlerins congrégationalistes, persécutés et bannis, ont contracté, avant la fondation de New Plymouth, à bord du vaisseau *Mayflower* le 11 novembre 1620. Quarante et une personnes signèrent alors un acte où elles déclaraient vouloir fonder une colonie en l'honneur du Roi et de la Patrie, pour l'extension de la foi chrétienne et pour la gloire de Dieu. Là-dessus, elles promirent de s'associer pour former un corps politique et civil, d'établir des lois, de nommer des autorités publiques et de se soumettre à leurs injonctions; et cela pour maintenir l'ordre social et atteindre le but qu'elles se proposaient (2).

---

(1) Cf. *Dicey*, op. cit., p. 229, 230, où sont mentionnées plusieurs lois limitant la libre manifestation de la pensée en matière religieuse, lois qui, il est vrai, sont tombées en désuétude, mais qui n'ont pas été formellement abrogées.

(2) V. le texte complet chez *Poore*, v. I, p. 931. — Il ressort de

Par là s'ouvre la série des *Pactes d'établissement* que les colons anglais, lors de la fondation d'une nouvelle colonie, jugeaient nécessaires de conclure, conformément à leurs principes ecclésiastiques et politiques. Nous n'avons à les examiner ici que dans leurs rapports avec la liberté religieuse.

En 1629, les puritains fondèrent Salem, la seconde colonie dans le Massachusetts. Oubliant les persécutions dont ils avaient souffert dans leur mère patrie, ils se montrèrent intolérants vis-à-vis de tous ceux qui professaient des principes religieux différents des leurs. En 1631, débarqua à Massachusetts un jeune Indépendant, Roger Williams, que la communauté de Salem élut pasteur bientôt après. Celui-ci prêcha la séparation complète de l'Eglise et de l'Etat; il demanda en outre une liberté religieuse complète, non seulement pour tous les chrétiens, mais aussi pour les Juifs, les Turcs et les païens, qui, disait-il, devaient avoir dans l'Etat les mêmes droits civils et politiques que tous les autres croyants. La conscience de l'homme ne doit relever que de lui-

tout ce document que les colons étaient loin de vouloir fonder un Etat indépendant; en effet, ils s'y désignaient les « subjects of our dread Sovereign Lord King James. » V. traduction franç. de ce document Laboulaye, Histoire des Etats-Unis, 1868, t. I, p. 133 et 134.

même, nullement de l'Etat (1). Proscrit et persécuté, Williams quitta Salem et fonda avec quelques fidèles, dans le territoire des Indiens Narranganset, la ville *Providence*, où tous ceux qui étaient persécutés par suite de leurs opinions religieuses, étaient sûrs de trouver un asile. Dans leur pacte fondamental, les sécessionistes promettaient d'obéir aux lois dictées par la majorité, mais *only in civil things* (en matière civile), la religion n'étant pas matière à législation (2). C'est ainsi que fut reconnue, pour la première fois, l'entière liberté de conscience en matière religieuse, et cela, par le plus fervent des croyants.

En 1638, dix-neuf colons de Providence fondèrent Aquednek, la seconde colonie dans le Rhode Island d'aujourd'hui. Ils conclurent également un pacte qui est bien remarquable au point de vue de sa forme (3).

(1) Cf. sur Williams, *Weingarten*, op. cit., p. 36 sv., et 293 ; *Bancroft*, op. cit. v. I, p. 276 sv., *Masson*, The life of John Milton, v. II, p. 560 sv. Le trait caractéristique de l'indépendantisme, à savoir la liberté religieuse pleine et entière, est traité en détail par *Weingarten*, op. cit., p. 110 sv.

(2) Samuel Greene *Arnold*, History of the state of Rhode Island, I, New-York, 1859, p. 103.

(3) « We whose names are underwritten do here solemnly, in the presence of Jehovah, incorporate ourselves into a Bodie Politick, and as he shall help, will submit our persons, lives and estates unto our Lord Jesus-Christ, the king of kings and Lord

Ceux là même qui étaient loin de reconnaître la liberté de conscience au même degré que R. Williams, étaient dominés par l'idée de la nécessité d'un pacte social, quand il s'agissait de fonder une colonie nouvelle. Ainsi, les puritains qui émigrèrent de Massachusetts pour fonder, en 1638, le Connecticut, déclaraient dans leur *fundamental orders,* s'associer conformément aux préceptes divins, en un corps politique, pour conserver la liberté de l'Evangile, ainsi que leur discipline religieuse, et se constituer un gouvernement, aux lois duquel ils obéiraient, en matière civile (1). Les puritains, dont les opinions en matière religieuse étaient en désaccord avec ceux de leur mère-patrie, partaient de ce principe, malgré leur peu de penchant pour la tolérance, que l'Etat devrait réaliser avant tout la liberté religieuse ; toutefois, dans leur pensée, cette liberté religieuse devait s'identifier avec le libre exercice de leur propre religion.

Cette pensée que l'Etat et le Gouvernement reposent sur un contrat, qui fut d'une si grande

---

of Lords, and to all those perfect and absolute laws of his given us in his holy word of truth, to be guided and judged hereby. — Exod. xxiv, 3, 4 ; 2 Chron. ii, 23, 3, Kings XI, 17. » *Arnold,* p. 124.

(1) Fundamental orders of Connecticut, *Poore,* I, p. 249.

importance pour le développement des conceptions américaines sur la liberté individuelle, s'affermit encore dans le nouveau-monde par la force des choses et à la suite de certains événements historiques. Une poignée d'hommes émigrèrent pour fonder de nouvelles sociétés, et, dispersés sur d'immenses étendues de terres, commencèrent leur œuvre de civilisation dans la solitude des forêts vierges (1). Ces hommes croyaient vivre à l'état de nature, en dehors de la société ; et quand ils quittèrent cet état, ils pensèrent le faire librement, sans qu'aucune puissance humaine put les y contraindre. Leur petit nombre leur permit au commencement de se passer d'un gouvernement représentatif ; ils traitaient les affaires publiques en commun dans les assemblées de paroisse, les *town meetings*, où pouvaient assister tous ceux qui faisaient partie de la communauté.

Ces circonstances contribuèrent à développer la « pure démocratie » ou « la démocratie directe » ; elle s'y forma, dans ces conditions, d'une manière toute naturelle. Les faits eux-mêmes contribuèrent également à affermir cette conception si contraire

______

(1) Le nombre des immigrants dans la Nouvelle Angleterre, était vers 1640 de 22.200, au maximum ; sur ce chiffre, 3.000 reviennent au New-Plymouth, et moins de 2,000 au Connecticut. Cf. *Masson*, op. cit. p. 548-550.

aux anciennes notions anglaises, que la souveraineté du peuple est le fondement des lois et du gouvernement. Les idées dont s'inspirèrent, dans la suite, des hommes de 1776, apparaissaient, chez un peuple qui avait de pareilles bases politiques, évidentes par elles-mêmes, « self-evident », comme le disait la déclaration de l'Indépendance.

Le droit à la liberté religieuse, pour lequel Roger Williams a lutté d'une manière si énergique, fut officiellement reconnu au cours du XVIIe siècle, d'abord dans le code de Rhode Island, en 1647, puis dans la charte que Charles II concéda, en 1643, aux colonies de Rhode Island et aux plantations de Providence (1). A la requête des colons, il leur fut concédé, dans cet acte mémorable, que désormais nul ne serait molesté, condamné ou accusé à cause de ses opinions religieuses. Tout individu dorénavant, devait jouir de la liberté de conscience la plus absolue, à condition toutefois d'avoir une conduite pacifique, et de ne pas pousser cette liberté jusqu'à la licence ou à la profanation, de ne pas causer de

______

(1) Le grand éloignement de cette colonie faisait apparaître comme peu dangereuses ces concessions de libertés, qui étaient pourtant en contradiction avec les conditions sociales de l'Angleterre d'alors. De plus, Charles II, dans son aversion pour les puritains, cherchait à favoriser les colonies qui s'étaient séparées du Massachusetts.

dommages ou de troubles extérieurs contre autrui (1). On accordait ainsi à une colonie ce qu'on refusait avec tant d'acharnement à la mère-patrie. En Europe, on ne trouve guère de pareils principes avant les *maximes de Frédéric II* en Prusse. Le principe de la liberté, en matière de religion, est reconnu aux Etats-Unis, d'une façon plus ou moins large, dans d'autres colonies encore. Ainsi, en 1649, le Maryland catholique concéda à tous ceux qui croyaient en Jésus-Christ le droit de pratiquer librement leur religion (2). La bizarre constitution que Locke élabora pour la Caroline

(1) « — Our royall will and pleasure is, that noe person within the said colonye, at any time hereafter, shall bee any wise molested, punished, disquieted, or called in question, for any differences in opinione in matters of religion, and doe not actually disturb the civill peace of our sayd colony ; but that all and everye person and persons may, from tyme to tyme, and at all tymes hereafter, freelye and fullye have and enjoye his and their owne judgments and consciences, in matters of religions concernments, throughout the tract of lande hereafter mentioned ; they behaving themselves peaceablie and quietlie, and not useing this libertie to lycentionsnesse and profanenesse, nor to the civill injurye or outward disturbeance of others ; any law, statute or clause, therein contayned or to be contayned, usage or custome of this realme, to the contrary hereof, in any wise, notwithstanding. » *Poore* II, p. 1596 sv. V. traduction, *Gourd*, Chartes coloniales, op. cit., vol. I, p. 265.

(2) *Bancroft*, I, p. 193, *E. Lloyd Harris*, Church and State in the Maryland colony. Inaugural Dissertation, Heidelberg, 1894, p. 26 sv.

du Nord, et qui y entra en vigueur en 1669 — constitution qui apparaît si peu en harmonie avec le système des « two treatises of government »— ne se fonde guère sur le principe de l'égalité complète pour tous, mais sur celui de la tolérance pour les dissidents, voire même, pour les juifs et pour les païens (1). Tout groupement de sept personnes, de n'importe quelle religion peut fonder une église ou former une communauté religieuse (2). Toute contrainte en matière de religion est défendue. Toutefois, tout habitant doit déclarer, à l'âge de 17 ans, à quelle communauté il appartient, et se faire inscrire dans une église, faute de quoi il ne peut se prévaloir de la protection des lois (3). Toute atteinte contre une société religieuse est sévèrement réprimée (4). Comme on le voit, ce n'étaient pas les principes de la liberté politique que Locke avait à cœur, mais bien l'établissement d'une liberté complète en matière religieuse ; il n'est guère question, dans le traité « on civil government » de la liberté de conscience, si

(1) La Charte de 1665 de la Caroline du Nord prescrivait déjà la tolérance civile. *Poore*, II, p. 1397. *Locke* lui-même voulait accorder pleine liberté en matière de religion. Cf. *Laboulaye*, I, p. 397.

(2) Art. 97, *Poore*, II, p. 1406-1407.

(3) Art. 101. *Poore*, II, p. 1407.

(4) Op. cit., *ib.*, art. 102, 106.

énergiquement défendue d'ailleurs par Locke dans un autre de ses ouvrages, notamment dans son célèbre opuscule « sur la tolérance ». Et pourtant, elle occupe la première place dans ses conceptions pratiques, comme le montre sa constitution de la Caroline du Nord. Pour lui, la liberté de conscience est un droit supérieur à tous les autres, un droit primordial et sacré. Ce philosophe qui soutenait que la liberté était un don inaliénable de la nature, n'éprouvait pas de scrupules à consacrer, dans cette constitution, le servage et l'esclavage : il n'en est pas de même de la liberté religieuse, et, dans le nouvel état féodal qu'il organisait, il établissait la tolérance la plus absolue en matière de religion.

Une liberté de conscience très grande fut concédée en 1664, dans la colonie de New-Jersey, et, en 1665, dans celle de New-York (1).

Cette dernière colonie, qui, déjà, sous la domination hollandaise, professait des principes très tolérants, déclara en 1683 que tout homme qui croyait en Jésus-Christ avait le droit de ne pas être inquiété pour une divergence d'opinion en matière de dogme. En la même année, Guillaume Penn, en donnant une constitution à la colonie qui lui avait

---

(1) C. Ellis *Stevens*, Sources of the Constitution of the United States. New-York, 1894, p. 217.

été concédée en propriété par la Couronne et qui porta le nom de « Pennsylvanie », en l'honneur de son père, déclara « que quiconque croyait en Dieu ne pouvait être contraint, de quelque manière que ce soit, à accomplir une obligation religieuse quelconque et qu'il ne pouvait être molesté d'aucune façon (1) ».

Dans la constitution qu'il donna plus tard, en 1701 et qui resta en vigueur jusqu'en 1776, Penn faisait ressortir, en premier lieu, qu'un peuple ne pouvait être vraiment heureux, eût-il la jouissance des plus grandes libertés, s'il était privé de la liberté de conscience (2). A la fin de cet acte, il promettait solennellement, en son nom et en celui de ses héritiers et ayant-cause, que cette liberté de conscience édictée par lui serait éternellement respectée ; et que les dispositions de la charte qui contenaient et exprimaient cette liberté ne sauraient être violées ou modifiées en tout ou en partie, nonobstant toute clause contraire (3). On don-

(1) Laws agreed upon in England, art. XXXV. *Poore*, II, p. 1526.
(2) Charter of privileges for Pennsylvania, art. I. *Poore*, op. cit., p. 1357, *Gourd*, op. cit., vol. I, p. 305, III. Pour être revêtu d'une fonction publique, il n'était pas nécessaire d'appartenir à une certaine confession, mais de faire seulement profession de croire au Sauveur du monde, Jésus-Christ.
(3) Art. VIII, sect. 3.

nait à la loi constitutionnelle la force d'une *lex in perpetuum valitura.*

En 1692, une charte octroyée par Guillaume III à Massachusetts, garantit, comme faisait l'Acte de tolérance religieuse de 1688 en Angleterre, pleine liberté de conscience à tous les chrétiens, sauf aux catholiques (1). George II accorda, en 1732, une faveur semblable à la Géorgie (2).

Ainsi, le principe de la liberté en matière de religion reçut en Amérique sa consécration constitutionnelle, dans des limites plus ou moins étendues. Ce principe qui est intimement lié au grand mouvement politique et religieux d'où est sortie la démocratie américaine, — découle de cette conviction qu'il y a un droit naturel pour l'homme, et non pas un droit concédé au citoyen, à avoir la liberté de conscience et la liberté de pensée en matière de religion. Ces deux libertés constituent des droits supérieurs à l'État et ne peuvent pas être violées par lui.

Ce droit si longtemps méconnu n'est guère une « *inhéritance* »; il ne rentre pas dans le patrimoine hérité des ancêtres comme les droits et libertés de

______

(1) *Poore*, op. cit., I, p. 950. Cf. là-dessus, *Lauer*, Church and State in New England, dans les John Hopkins University studies, 10ᵉ séries II-V, Baltimore, 1892, p. 35 sv.

(2) *Poore*, op. cit., I, p. 375.

la « Magna Charta » et les autres lois anglaises ; en effet, ce n'est pas l'Etat qui l'a proclamé, mais l'Evangile.

Ce qui, en ces temps là, et plus tard encore, n'était officiellement exprimé en Europe que dans quelques textes de peu d'importance (1) et ne se manifestait que dans le grand courant intellectuel qui avait commencé au XVIIᵉ siècle, pour atteindre son apogée avec la période philosophique du siècle suivant, était déjà, vers 1650, un principe de droit reconnu dans la constitution de Rhode Island et dans celles d'autres colonies. Le droit à la liberté de conscience y était proclamé ; par là, l'idée *d'un droit de l'homme* était née.

En 1776, dans presque tous les « bills of

(1) En Angleterre, c'est l'acte de Will and Mary, c. 18, qui prescrivit la tolérance pour les dissidents. Ces libertés furent restreintes sous le règne d'Anne, et rétablies sous Georges Iᵉʳ. Depuis Georges II, les dissidents sont admis aux fonctions publiques. Les restrictions édictées contre les catholiques et les juifs n'ont été abolies, comme on sait, qu'au cours du XIXᵉ siècle. En Allemagne, après les concessions incomplètes de la paix d'Osnabruck, les lois ci-dessous énumérées créèrent en cette matière une situation analogue à celle qui existait jadis en Amérique : Nous faisons allusion ici à l'édit de tolérance de Joseph II, à celui de Frédéric-Guillaume du 9 juillet 1788 qui codifia les maximes de Frédéric II, et surtout au Code général prussien (section II, titre II, art. I et sv.) (Preuss. Allg. Landrecht, Teil II, Titel II, § 1, ff.)

rights, » on parlait d'une façon quelque peu emphatique de ce *droit naturel et inné* (1).

Le caractère de ce droit est indiqué d'une façon curieuse dans le « bill of rights » de New Hampshire. Là il est dit : que quelques droits naturels sont inaliénables par ce que personne ne peut leur donner en échange un équivalent. Tels seraient notamment les droits de conscience (2).

(1) Néanmoins la mise en œuvre de ce droit dans la législation positive, au point de vue de l'égalité absolue entre les adhérents de diverses confessions, a varié suivant les Etats. Ainsi New-York, après Rhode Island, réalisa le premier la séparation de l'Eglise et de l'Etat; la Virginie fit de même en 1785. Dans d'autres colonies, pendant quelque temps encore, on exigea de professer la confession protestante, ou tout au moins d'être chrétien, pour pouvoir occuper une fonction publique. De nos jours encore, on exige dans certains Etats, pour être admis aux fonctions publiques, la croyance en Dieu, en l'immortalité de l'âme et en la récompense dans l'autre monde. Massachusetts établissait dans son « bill of rights » non seulement le droit, mais aussi le devoir de pratiquer le culte divin, et, jusqu'en 1799, toute négligence apportée dans la fréquentation des églises était passible de peines. Ces restrictions, et d'autres encore, ont disparu au cours du XIXᵉ siècle, à part quelques rares survivances. En ce qui concerne l'Etat fédéral, l'art. VI de la Constitution statue que l'exercice des droits politiques n'est soumis à aucune condition de confession. De même, le célèbre art. 1ᵉʳ de l'amendement défend d'accorder des privilèges ou de traiter moins bien une religion qu'une autre. — V. sur l'état de cette question dans les Etats particuliers, les développements de Cooley, chap. XIII, p. 541-586, et aussi *Rüttiman, Kirche und Staat in Nordamerika* (l'Eglise et l'Etat dans l'Amérique du Nord) (1871).

(2) « Among the natural rights, some are in their very nature

L'idée de consacrer législativement ces droits inaliénables et inviolables, les droits naturels de l'individu, n'est pas une idée d'origine politique, mais bien une idée d'origine religieuse. Ce qu'on croyait jusqu'à présent être une œuvre de la Révolution n'est, en réalité, qu'un produit de la Réforme et des luttes qu'elle a engendrées. Son premier apôtre n'est pas Lafayette, mais Roger Williams, dont le nom est encore aujourd'hui proféré par les Américains avec la plus profonde vénération ; cet apôtre, poussé par son enthousiasme religieux, émigra dans la solitude pour y fonder « un empire basé sur la liberté religieuse ».

unalienable, because no equivalent can be given or received for them, of this kind are the *rights of conscience.* » Art. IV, *Poore*, II, 1280.

CHAPITRE VIII

FORMATION PENDANT LA RÉVOLUTION AMÉRICAINE
DU SYSTÈME DES DROITS DE L'HOMME ET DU CITOYEN

Le xviie siècle fut l'époque des luttes religieuses. Au siècle suivant, ce furent des intérêts politiques et économiques qui occupèrent la première place. Les institutions démocratiques des colonies sont souvent en contradiction avec celles de la mère-patrie, et le lien moral avec la métropole se relâche de plus en plus ; un grave conflit d'intérêts économiques commence à se faire sentir avec intensité. La prospérité économique des colonies exige, en effet, le moins possible de restrictions à leur liberté de mouvements ; elles se sentent enfin gouvernées non pas par l'ancienne mère-patrie, mais par l'étranger.

C'est alors que les anciennes conceptions puritaines et indépendantistes agissent dans un nouveau sens. La doctrine du contrat social, qui avait joué un si grand rôle, lors de la fondation des colonies, et avait contribué à établir la liberté religieuse, favorise maintenant, d'une manière bien marquée, la transformation des institutions existantes. Ce n'est pas à dire que cette théorie modifie directement les institutions ; mais elle leur donne une base nouvelle.

Les colons conservèrent de l'autre côté de l'océan les libertés et les droits qu'ils avaient en tant que citoyens Anglais de naissance. Dans une série de chartes octroyées par les rois d'Angleterre, il était expressément dit que les colons et leurs descendants jouiraient de tous les droits qui appartenaient aux Anglais dans leur mère-patrie (1). Déjà, avant la déclaration anglaise des droits, la plupart des colonies votèrent des lois résumant en quelque sorte les anciennes libertés anglaises (2).

Ces anciens droits subirent une profonde transformation dans la seconde moitié du xvine siècle. Les droits et les libertés que l'on avait hérités des ancêtres, l'autonomie accordée dans certaines

(1) *Kent*, Commentaries on American Law, 10e édit., v. I, p. 611.

(2) Cf. *Kent*, op. cit., v. I, p. 612 sv., *Stevens*, op. cit., p. 208 sv. Ces lois sont aujourd'hui généralement désignées en Amérique sous le nom de « bills of rights ». Elles ont indubitablement servi de modèles aux codifications des années 1776 et suivantes.

chartes par les rois d'Angleterre, ou par les gouverneurs des colonies, se modifièrent profondément dans leur nature ; ils ne furent plus considérés comme émanant des hommes, mais de Dieu et de la Nature.

A ces anciens droits s'en ajoutèrent de nouveaux. Quand se forma la conviction qu'il y avait un droit indépendant de l'Etat, celui de la conscience, la base fut établie d'où dérivèrent, en se spécialisant, les droits inaliénables de l'individu. La théorie du droit naturel ne reconnaît à l'individu, en règle générale, qu'un seul droit naturel : le droit de liberté, et le droit de propriété. Mais d'après les conceptions américaines du xviiie siècle, il y a toute une liste de ces droits.

La doctrine de Locke, les théories de Pufendorf (1) et les idées de Montesquieu eurent certainement une très grande influence sur les conceptions politiques des Américains. Mais il est impossible d'expliquer par là seulement l'élaboration

(1) *Borgeaud*, à la p. 17, cite un traité de John Wyse qui aurait beaucoup contribué à répandre les idées démocratiques dans le Massachusetts. Mais cet auteur, dont le nom est John Wise, n'a pas fait autre chose que de prendre pour base de ses développements, comme il le déclare expressément lui-même, la doctrine de Pufendorf. Cf. *J. Wise*, A vindication of the government of New England Churches, Boston, 1772, p. 22.

d'une liste complète des droits généraux de l'homme et du citoyen.

En 1764, parut à Boston le célèbre livre de James Otis : *les Droits des colonies anglaises*. Il y était dit que les droits politiques et civils des colons ne reposaient en rien sur une concession de la Couronne ; la « Magna charta » elle-même, malgré son ancienneté, ne doit pas être considérée comme le commencement de toutes choses. « Un jour peut venir où le parlement déclarera nulle et de nul effet toute charte américaine ; mais ce jour là les droits des colons, comme *hommes* et comme *citoyens*, ces droits naturels inhérents à leur qualité, inséparables de leurs têtes, ne seront pas atteints. Les chartes peuvent varier, ces droits dureront jusqu'à la fin du monde (1). »

Cet écrit fixait déjà au pouvoir législatif, sous une forme qui allait être celle des « bills of rights », les limites absolues « établies par Dieu et par la

____

(1) « Nor do the political and civil rights of the British colonists rest on a charter from the crown. Old Magna Charta was not the beginning of all things ; nor did it rise on the borders of chaos out of the unformed mass. A time may come when parliament shall declare every American charter void ; but the natural, inherent and inseperable rights of the colonists as men and as citizens would remain, and whatever became of charters, cannever be abolished till the general conflagration. » *Bancroft*, p. 145, 146 ; texte français dans *Laboulaye*, Histoire des Etats-Unis, t. II, p. 88, ci-dessus reproduit.

Nature ». Il visait surtout le droit d'imposition qui était la principale cause de mésentente entre les colonies et la mère-patrie. Le fait de lever des taxes ou de percevoir des impôts, sans le consentement du peuple ou des représentants des colonies, était contraire, non pas au droit du pays, mais aux lois imprescriptibles de la liberté (1). Les restrictions apportées au pouvoir du parlement n'étaient autres que celles que Locke avait énumérées : restrictions que « la loi de Dieu et de la Nature avait posées dans tout Etat au pouvoir législatif. »

Ces propositions de Locke subissent ici une profonde modification. En effet, les droits objectifs se transforment en droits subjectifs. Tandis que Locke, et, après lui, Rousseau, soumettent l'individu à la volonté de la majorité de la nation — volonté qui n'a pour limites que le but de l'Etat —, c'est ici l'individu qui fixe les conditions selon lesquelles il consent à faire partie de la société, et il les conserve comme des droits propres. Il possède ainsi dans l'Etat et contre l'Etat des droits qui ne proviennent pas de ce dernier. En présence des tentatives que fit l'Angleterre pour limiter ces droits, naquit l'idée de les dé-

____

(1) Cf. *John Adams*, Works X, Boston, 1856, p. 293.

clarer solennellement et de les défendre. Cette
transformation du droit objectif en droit subjectif,
s'opère sous l'influence de l'œuvre anonyme de
Blackstone que nous avons citée précédemment(1).
En effet, l'instruction parlementaire imprimée
en annexe à l'écrit de James Otis s'exprime exactement dans les mêmes termes que l'œuvre anonyme de Blackstone (2).

Le 20 novembre 1772, les citoyens réunis à Boston votèrent, sur la proposition de Samuel Adams,
un projet élaboré par lui et contenant une déclaration des colons en tant qu'hommes, chrétiens et
citoyens. Cette déclaration proclamait (en s'ap-
puyant sur l'autorité de Locke), que les hommes
font partie de l'Etat, en vertu de leur libre consentement, et qu'ils ont le droit de formuler préala-
blement, dans un pacte équitable, les conditions
et les réserves qu'ils veulent faire prévaloir et de
veiller à leur observation. Les colons réclament
ensuite en tant qu'hommes la jouissance et
l'exercice du droit de liberté et de propriété ; en
tant que chrétiens, la liberté religieuse, et en tant

(1) V. p. 56 note 3.
(2) The rights of the Colonies asserted and proved. Reprinted.
London, 1764, p. 106. Il est faux, par contre, que les *Commentaries* de Blackstone aient exercé une influence prépondérante
sur la déclaration américaine de 1776. V. à ce sujet, *Jellinek*,
Staatslehre, 1900, p. 374 et 375, note 1.

que citoyens, les droits garantis par la « Magna Charta » et le « bill of rights » de 1689 (1).

Enfin, le 14 octobre 1774, le congrès assemblé à Philadelphie et représentant les 12 colonies vota une déclaration de droits, où il était dit que les habitants de l'Amérique du Nord ont des prérogatives qui leur appartiennent en vertu du droit immuable de la nature, de la constitution anglaise et de leurs propres constitutions (2).

De là jusqu'à la déclaration de la Virginie, il paraît n'y avoir qu'un pas, et pourtant il y a tout un abîme qui sépare ces deux documents. La déclaration de Philadelphie est une protestation, celle de la Virginie, une loi. Le droit anglais n'y est plus invoqué. L'Etat de Virginie y reconnaît solennellement comme base fondamentale du gouvernement les droits des générations présentes et futures (3).

Cette déclaration, et celles qui ont été adoptées

(1) Cf. *Wells*, The life and public services of Samuel Adams, I, Boston, 1865, p. 502-507, *Laboulaye*, op. cit., II, p. 171.

(2) Le texte est reproduit en entier chez *Story*, Commentaries on the Constitution of the United states, 3ᵉ éd., I, p. 134 sv. — Cf. aussi *Laboulaye*, v. II, p. 241.

(3) L'intitulé de cette déclaration est ainsi conçu : « A declaration of rights made by the representatives of the good people of Virginia, assembled in full and free convention; which rights do pertain to them and their posterity, as the basis and foundation of government ».

par les Etats désormais souverains de l'Amérique du Nord, accordent, en outre de la liberté individuelle, du droit de propriété et de la liberté de conscience, un certain nombre de droits nouveaux ; ces droits correspondent aux violations que la liberté individuelle avait récemment subies, du fait de l'Angleterre ; ce sont les droits de réunion, les droits sur la liberté de la presse et sur la liberté d'établissement. Non seulement ces droits de liberté y sont mentionnés, mais nous voyons aussi le droit de pétition, le droit à la protection légale, et la procédure que l'on doit employer dans ce cas : tel le jugement par un Jury impartial et indépendant. De plus, ces déclarations fixent les bases des droits politiques des citoyens. Elles contiennent aussi, suivant l'intention de leurs auteurs, les traits fondamentaux des droits publics de l'individu. Elles renferment, en outre, le principe de la division des pouvoirs et de la responsabilité des fonctionnaires. Elles décident que les fonctions publiques ne peuvent être occupées que temporairement et proscrivent les distinctions héréditaires ; elles apportent enfin quelques limitations au pouvoir législatif et au gouvernement ; ainsi il est défendu d'avoir des troupes permanentes ou bien encore d'avoir une Eglise privilégiée. Ces limitations ne créent d'ailleurs pas de droits subjectifs au profit de l'individu, ou, si cela arrive, c'est bien indirectement. Tout cela est fondé sur le principe de la souveraineté nationale et basé sur cette idée, que la constitution n'est qu'un pacte consenti de tous. On voit clairement se révéler ici l'action persistante de l'ancienne idée puritaine et indépendantiste, qui devait déployer plus tard, sous une forme si caractérisée, une puissance en quelque sorte nouvelle. Quand aujourd'hui encore, les conventions constituantes, ou bien le peuple lui-même, décident d'apporter des modifications constitutionnelles dans les Etats particuliers, on voit très bien que les institutions démocratiques continuent à être animées de la même idée que celle qui inspira jadis les colons de Connecticut et de Rhode Island.

Dans toutes ces constitutions, la déclaration des droits occupe la première place, en second lieu seulement vient s'y ajouter le *plan* ou *frame of government*. On fixe d'abord le droit du créateur de l'état, de l'individu, jouissant originairement d'une liberté illimitée, puis ensuite le droit de ce que les individus ont créé : le droit de l'Etat.

Les principes étaient les mêmes dans tous les Etats particuliers. Toutefois ils étaient diversement appliqués dans les différentes législations ; ces divergences furent beaucoup atténuées dans la suite, mais même aujourd'hui elles n'ont pas encore complètement disparu. Ainsi, comme nous l'avons fait remarquer précédemment, quoiqu'on ait partout reconnu d'une façon égale le principe de la liberté en matière de religion, on ne l'a pas mis aussitôt en pratique, dans tous les Etats, avec toutes ses conséquences logiques. Malgré cette affirmation que les hommes ont été créés par la nature libres et égaux, l'esclavage des noirs ne fut pas aboli immédiatement. A la place du « man » figure dans les Etats esclavagistes le « freeman ».

Les droits solennellement proclamés sont censés appartenir à l'origine à tous les « inhabitants », et dans les Etats esclavagistes à tous les blancs. C'est plus tard seulement que la qualité de citoyen (« citizen ») des Etats-Unis est exigée dans la plupart des Etats, pour pouvoir exercer des droits politiques.

Nous avons ainsi vu par quelle remarquable évolution s'est formée, dans l'ancien et dans le nouveau droit anglais, tel qu'il était pratiqué dans les colonies, la conception d'une sphère juridique indépendante de l'Etat, et que celui-ci est purement et simplement tenu de reconnaître à l'individu. En réalité, les déclarations des droits n'ont fait qu'exprimer, en des formules générales, une organisation juridique de fait. Les Américains proclament comme un « patrimoine éternel », commun à tous les peuples libres, les droits qu'ils possédaient déjà. Les Français eux, au contraire, veulent donner ce qu'ils n'ont pas encore, des institutions qui doivent correspondre aux principes généraux. C'est là la différence la plus importante entre la déclaration américaine et la déclaration française : En Amérique, les institutions positives précédèrent la reconnaissance solennelle des droits individuels ; en France, ils la suivirent. Ce fut également l'erreur fondamentale de l'Assemblée Nationale de Francfort, qui voulut fixer d'abord les droits de l'individu, et régler seulement ensuite l'organisation de l'Etat. L'Etat allemand n'était pas encore fondé, que l'on avait déjà fixé ce que cet Etat inexistant ne devait pas faire, et ce qu'il devait accorder. Les Américains pouvaient tranquillement faire précéder « le plan of government » de la déclaration des droits, précisément parce que le « government » et les lois directrices existaient déjà depuis longtemps.

Ce qui découle d'une façon absolue de cette recherche, c'est que les principes de 1789 ne sont autres que ceux de 1774. Mais il est incontestable, d'autre part, que leur influence durable en Europe est intimement liée à la rédaction qu'ils ont reçue en France.

CHAPITRE IX

LES DROITS DE L'HOMME ET LA CONCEPTION
GERMANIQUE DU DROIT

Il nous reste à résoudre pour finir une dernière
question. Pourquoi la doctrine du contrat social
et des droits originaires de l'homme, — qui germait déjà dans l'antiquité, aux temps des sophistes ; qui s'est développée ensuite dans les
théories de droit naturel, au Moyen Age, et a été
transmise jusqu'à nous par le courant de la Réforme, — pourquoi cette doctrine a-t-elle acquis
d'abord en Angleterre, puis dans ses colonies, une
importance aussi considérable ? Comment se fait-
il que dans un Etat éminemment monarchique,
dont toutes les institutions sont intimement liées à
la royauté et ne peuvent être comprises sans elle,
des idées républicaines aient pénétré et aient

transformé de fond en comble l'organisation politique ?

Il est facile d'apercevoir la cause directe de ce
fait. C'est la contradiction des conceptions juridiques des Anglais avec la dynastie des Stuarts
venus de l'étranger et qui s'appuyaient sur le
droit divin. Les luttes religieuses contre cette
dynastie, tant en Angleterre qu'en Ecosse, favori-
sèrent la propagation de doctrines qui pouvaient
provoquer, dans le pays, une opposition violente
contre elle. Un état analogue des choses existait
depuis la fin du xvie siècle et jusqu'au milieu du
xviie dans maint Etat du continent. Là aussi
il y eut, contre la royauté aspirant à l'absolutisme,
une opposition très forte des classes ; et des pu-
blicistes perspicaces s'efforçaient d'opposer au
souverain les droits du peuple et de l'individu.
Des guerres de religion terribles dévastèrent ces
pays ; les conceptions révolutionnaires sur le
continent aboutirent, il est vrai, alors en France au
régicide ; mais on n'essaya nulle part de trans-
former l'organisation même de l'Etat. Les théories
de droit naturel de Locke n'exercèrent guère
d'action en dehors de l'Angleterre. Ce n'est qu'à la
fin du xviiie siècle que les doctrines « de droit naturel » jouèrent dans l'Europe continentale un
rôle important. Nous avons comme exemple la

formidable transformation sociale provoquée par la Révolution française.

A la différence du continent, l'Angleterre a résisté non sans succès à l'influence du droit romain ; et bien que les idées romaines n'aient nullement laissé intactes les conceptions juridiques de l'Angleterre, il s'en faut néanmoins qu'elles y aient exercé un empire aussi grand que sur le continent. Le droit public, notamment, s'y est développé sur une base essentiellemeut germanique, et les conceptions romaines de l'absolutisme de l'Etat n'y ont jamais prévalu.

L'Etat germanique, d'après ce que nous en savons d'une manière certaine par l'histoire, n'a eu, à la différence de la cité antique, que de très faibles pouvoirs au commencement de son existence et n'en a acquis que petit à petit et graduellement de plus grands. Sa sphère d'action, au début, était minime.

L'individu était soumis à une tutelle sévère dans la famille et dans la tribu ; l'Etat au contraire, ne lui imposait pas de restrictions bien grandes. La vie politique, au Moyen Age, se déroulait plutôt dans les associations corporatives que dans l'Etat, qui n'avait alors, en somme, qu'une forme rudimentaire.

Au commencement des temps modernes, la puissance publique se concentra de plus en plus. En Angleterre, cela se fit d'autant plus aisément que les rois normands avaient déjà centralisé d'une manière rigoureuse l'administration. Déjà, à la fin du XVIᵉ siècle, sir Thomas Smith pouvait dire que le parlement avait un pouvoir illimité (1), pouvoir que Coke désignait peu après comme absolu et transcendant (2).

Mais cette puissance était conçue par les Anglais comme illimitée seulement au point de vue formel et non pas au point de vue matériel du droit. C'est, en effet, en Angleterre que le peuple avait cette conception vive et profonde qu'il devait y avoir des limites essentielles à la puissance de l'Etat et par suite à celle du parlement et du Roi.

Aussi, la « Magna Charta » déclare que les droits et les libertés qu'elle énonce sont accordés *in per-petuum* (3). Il est statué par le « bill of rights » que tout ce qu'il contient doit rester, pour toujours,

______

(1) « The most high and absolute power of the realm of England consisteth in the Parliament... all that ever the people of Rome might do, either in *centuriatis comitiis* or *tributis*, the same may be done by the Parliament of England, which representeth and hath the power of the whole realm, both the head and the body. » The Commonwealth of England, 1589, book II, reproduit dans *Prothero*, Select Statutes and Documents of Elizabeth and James I, Oxford, 1894, p. 178.

(2) 4 Inst., p. 36.

(3) Art. LXIII. *Stubbs*, p. 306.

la loi du royaume (1). Nonobstant la toute puissance de l'Etat envisagée au point de vue formel, il est expressément reconnu dans les lois fondamentales les plus importantes, qu'il y a une limite que l'Etat ne doit pas dépasser.

Dans ces propositions, qui certainement sont insignifiantes au point de vue formel du droit, se reflète cette ancienne conception juridique des germains que l'Etat est nécessairement limité dans sa sphère d'action.

Cette conception a également beaucoup favorisé le mouvement de la Réforme.

Mais ici intervient la notion d'une autre limite de la sphère d'action de l'Etat; elle est le produit direct de l'évolution historique. L'Etat, au Moyen Age, n'était pas seulement limité par la puissance de ses associés ; sa sphère d'action était de plus limitée par celle de l'Eglise. La question de l'étendue du droit de l'Etat, en matière de religion, ne pouvait être soulevée, dans toute son ampleur, que depuis la Réforme, car ce n'est que celle-ci qui rendit de nouveau litigieuse la ligne de démarcation fixée au Moyen Age entre l'Eglise et l'Etat. La délimitation moderne de leurs sphères respectives d'action fut donc la

____

(1) Art. XI, *Stubbs*, p. 527.

conséquence nécessaire de l'évolution historique, de même que l'abolition de l'ingérence de l'Etat en matière de religion.

Nous avons ainsi vu que l'idée de la prééminence de l'individu sur l'Etat s'appuie sur toute l'histoire de l'Angleterre et sur son état social au xviie siècle. Les doctrines de droit naturel n'ont fait que continuer les conceptions juridiques anciennes qui ont toujours existé et les diriger dans des voies nouvelles.

On peut dire la même chose des théories nées sur le continent. L'école historique nous a habitués à dire que les doctrines du droit naturel sont des rêveries sans fondement. Mais en parlant ainsi, on oublie qu'il n'y a pas de théories, si abstraites qu'elles paraissent, qui puissent exercer une influence quelconque sur leur époque, sans s'appuyer sur une base de réalité historique.

Pour saisir d'une manière exacte la relation juridique de l'Etat avec l'individu, il est très important de bien comprendre cette base. Elle se présente sous deux aspects, qui, tous les deux, peuvent être réalisés dans toutes leurs conséquences logiques.

Sous son premier aspect, tous les droits de l'individu ne résultent que d'une concession ou d'une autorisation de l'Etat ; sous le second, l'Etat ne crée pas seulement des droits individuels, mais laisse aussi à l'individu toute la mesure de liberté compatible avec l'intérêt général ; cette liberté n'est pas créée par l'Etat, elle est seulement reconnue et constatée par lui.

La première conception se base sur l'idée de l'omnipotence de l'Etat. Elle a été exposée d'une façon absolument saisissante dans les théories absolutistes des xvie et xviie siècles. Les conséquences extrêmes de cette théorie ont été parodiées en quelque sorte par le poète dans cette question de droit formulée en termes humoristiques. « Depuis bien des années je me sers de mon nez pour sentir. Mais ai-je bien le droit de me servir de mon nez ? »

La seconde théorie, par contre, qui est la conception juridique des germains, répond au développement graduel de la puissance publique. Si le droit naturel n'est pas un droit historique, on devrait dire que, pour l'Etat moderne, la première théorie est une théorie de droit naturel, et que la seconde est une théorie de droit historique. Quelque grands qu'aient été les changements, survenus au cours des temps dans la délimitation de cette sphère de liberté reconnue par l'Etat, la notion que le droit de l'Etat avait des limites était profondément gravée dans la conscience des peuples germaniques, même au moment de l'absolutisme (1).

L'Etat ne crée donc pas cette liberté, mais il la reconnaît, et cela en se limitant lui-même, et en marquant les intervalles qu'il laisse ainsi libres, et qui doivent nécessairement exister entre les trames des diverses normes dont il entoure l'individu. L'espace qui reste ainsi libre est sans doute bien moins un droit qu'un état de fait. La grande erreur du droit naturel fut d'envisager cet état de liberté comme un droit, et de reconnaître à ce droit une puissance supérieure qui aurait créé l'Etat et en aurait limité la puissance (2).

La question de savoir si une action de l'individu est directement autorisée, ou n'est qu'indirecte-

(1) La théorie que la liberté individuelle n'est qu'une concession de l'Etat a été dernièrement soutenue par *Tezner*, dans Grünhut's Zeitschrift für Privat und öffentliches Recht, XXI, p. 136 et sv. Cet auteur veut reléguer la théorie adverse dans le droit naturel. La solution de pareils questions de principe ne peut être obtenue que par l'examen attentif des faits historiques. Cet examen nous donnera, suivant les époques, des réponses différentes. Ainsi, par exemple, la nature juridique de la liberté présentera un tout autre caractère dans l'Etat antique que dans l'Etat moderne. La dialectique juridique peut déduire une proposition donnée, avec la même rigueur logique, de principes totalement opposés. Ce n'est donc pas là, dans la jurisprudence formelle, qu'il faut chercher quel est le vrai principe, mais dans l'histoire.

(2) V. là dessus, pour plus de détails, *Jellinek* System der subjektiven öffentlichen Rechte. Freiburg. i. B. 1892, p. 43, 89 et s.

ment reconnue par l'Etat ne paraît pas avoir sans doute aujourd'hui une très grande importance pratique. Mais le but de la science du droit ne consiste pas seulement à former des juges et des fonctionnaires, à leur enseigner comment ils devront résoudre des affaires difficiles. Sa tâche suprême est de délimiter en quelque sorte les sphères d'action du « moi », et de la collectivité.

C'est là le problème le plus élevé que la spéculation humaine aït à résoudre et elle ne peut le faire que par l'observation attentive de la société.

FIN

TABLE DES MATIÈRES

A LA MÊME LIBRAIRIE

Th. MOMMSEN, J. MARQUARDT et Paul KRÜGER. — Manuel des antiquités romaines. Traduit de l'allemand sous la direction de M. Gustave Humbert, professeur honoraire de droit romain à la Faculté de droit de Toulouse, premier président de la Cour des comptes, ancien Garde des Sceaux, Ministre de la Justice, Sénateur. 16 tomes en 17 volumes grand in-8 . . . . . . **179 fr.**

OUVRAGE ENTIÈREMENT TERMINÉ

Incontestablement supérieur à tous les ouvrages du même ordre publiés en Europe, par l'ampleur des développements et l'abondance des documents utilisés.

Le Manuel des antiquités romaines forme 16 tomes en 17 beaux volumes grand in-8° raisin, ainsi divisés :

TOMES I A VII (en 8 vol.) 90 fr.

Th. MOMMSEN. — Le Droit public romain, traduit de l'allemand avec l'autorisation de l'auteur et de l'éditeur allemands, par M. Paul Frédéric Girard, professeur à la Faculté de droit de Paris, 7 tomes en 8 volumes.

PREMIÈRE PARTIE : *La Magistrature.* 2 volumes . . . . **20 fr.**

DEUXIÈME PARTIE : *Les différentes Magistratures.* 2 vol. . . **30 fr.**

TROISIÈME PARTIE : *Le Peuple et le Sénat.* 2 tomes en 3 vol. **30 fr.**

TOMES VIII A XIII, 65 fr.

J. MARQUARDT. — L'Administration romaine, traduit de l'allemand avec l'autorisation de l'auteur et de l'éditeur allemands, par MM. A. Weiss, P. Louis-Lucas, A. Vigié, J. Brissaud. 6 vol. **65 fr.**

PREMIÈRE PARTIE : *L'Organisation de l'Empire romain,* traduite en français par MM. A. Weiss, professeur à la Faculté de droit de Paris, et Paul-Louis Lucas, professeur agrégé à la Faculté de droit de Dijon. 2 volumes. . . . . **25 fr.**

DEUXIÈME PARTIE : *L'Organisation financière,* traduite en français par M. Albert Vigié, doyen de la Faculté de droit de Montpellier, lauréat de l'Institut de France. 1 volume . . . . **10 fr.**

L'Organisation militaire, traduite en français par M. J. Brissaud, professeur à la Faculté de droit de Toulouse. 1 volume. . **10 fr.**

TROISIÈME PARTIE : *Le Culte,* traduit en français par M. J. Brissaud, professeur à la Faculté de droit de Toulouse. 2 volumes . **20 fr.**

rapport avec le dogme chrétien, par A. Chauffard, président du tribunal de Lavaur. 2 forts vol. in-8 . . . . **20** fr.

Tome I : *Principes généraux et méthode du droit.*

Tome II : *Histoire générale du droit.*

AMMON (O. de Karlsruhe).— Ordre social (L') et ses bases naturelles. Esquisse d'une Anthroposociologie. Traduit, avec l'autorisation de l'auteur, sur la seconde édition allemande, par H. Muffang, professeur agrégé au lycée de Saint-Brieuc. Ouvrage contenant 6 fig. dans le texte. 1 fort volume in-8, relié toile anglaise . . . **10** fr.

DICKEL (K.), Amtsrichter à Berlin. — **Nouveau Code civil de Monténégro** (Etude sur le) et sur l'importance des principes suivis par l'auteur de ce code en matière de codification. Traduit par J. Brissaud, professeur à la Faculté de droit de Toulouse. 1 volume in-8 cavalier . . . . **4** fr.

HECK, privat-docent à l'Université de Berlin. — **Assurance sur la Vie (L')** au profit d'un tiers et la donation à cause de mort. Traduit par M.-J. Brissaud, professeur à la Faculté de droit de Toulouse. Annoté par M. J. Lefort, avocat au Conseil d'État et à la Cour de Cassation. In-8 cavalier . . . . **1** fr.

HIRSCHFELD (Otto), professeur à l'université de Vienne.— **Contribution à l'histoire du droit latin.** Traduit de l'allemand, p. 46, Thédenat. in-8 . . . . **2** fr.

KELLER (F.-L. de), professeur à l'Université de Berlin.— **Procédure civile (De la)** et des Actions chez les Romains. Traduit de l'allemand et précédé d'une introduction par Charles Capmas, professeur à la Faculté de droit de Dijon. 1 fort vol. in-8 . . **9** fr.

MITTERMAIER (Dr C.-J.-A), professeur à l'Université d'Heidelberg, ancien président de la Chambre des députés du grand duché de Bade, membre de l'Institut de France, etc. — **Procédure criminelle (Traité de la)** en Angleterre, en Ecosse et dans l'Amérique du Nord. Envisagée dans l'ensemble de ses rapports avec les institutions civiles et politiques de ces pays, et dans les détails pratiques de son organisation. Traduit de l'allemand par A. Chauffard, président du tribunal de Lavaur. 1 fort volume in-8 . . . **12** fr.

STAHL (Frédéric-Jules).— Philosophie du droit (Histoire de la). Traduit de l'allemand et précédé d'une notice historique et critique sur les œuvres de l'auteur, président du consistoire central, professeur de l'Université de Berlin et membre de la Chambre des Seigneurs, par A. Chauffard, président du tribunal de Lavaur (Var). 1 volume in-8 . . . . **12** fr.

WALTER (Ferdinand), professeur à l'Université de Bonn. — **Procédure civile** chez les Romains (Histoire de la). Traduit de l'allemand par Edouard Laboulaye. 1 volume in-8 . . . . . . **4** fr.

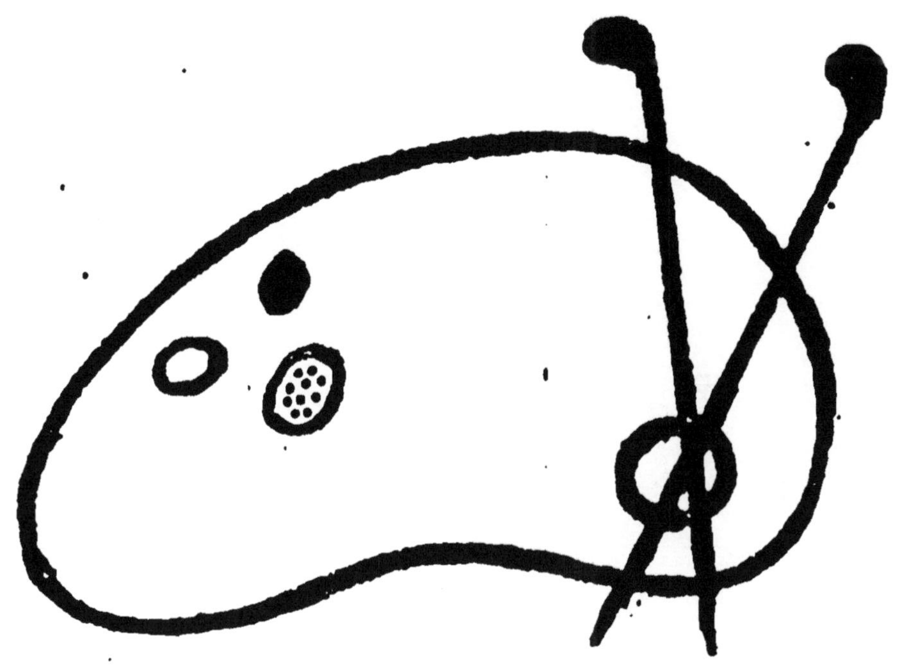

Original en couleur

NF Z 43-120-B